Dank allen meinen Kollegen vom Deutschen Museum, besonders Silvi Buchenberg für die wunderbaren Fotos und Dr. Margareta Benz-Zauner, Dr. Sabine Gerber, Werner Heinzerling, Peter Leitmeyer und Prof. Jürgen Teichmann für die Durchsicht der Manuskripte. Dank auch an Anneke Janke für die musikalische Begleitung.

Christof Gießler   im August 2004

Christof Gießler

Ich bin ein Wissenschaftler!

Spielerisch entdecken Kinder die Welt der Naturwissenschaften

moses.

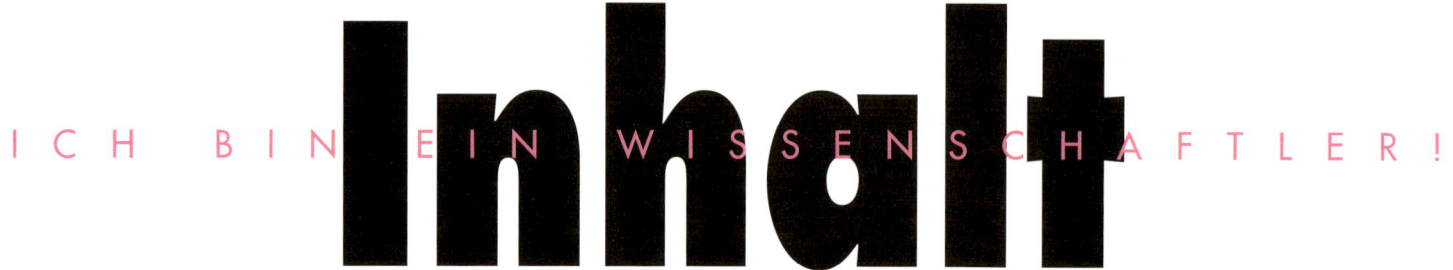

Inhalt

Natur, Welt, Wasser

Draußen ist die Welt!

Kraft, Bewegung, Energie

stark und schnell

Licht, Optik, Astronomie

hell und dunkel

Schall, Akustik, Musik

laut und leise

Kommunikation

ich und du

Kiste, Tipps, Register

und sonst so ...

Raus!

Es war einmal eine Zeit, da kannten die Seeleute schon die fast wundersame Kraft des Kompasses: Dass sich die Nadel nach Norden ausrichtet und dass man da gut Kurs halten kann; aber was war im Norden? Der Magnetberg. Grund genug, diese Gegend zu meiden. Weil: Wenn die magnetische Kraft bis an die vertrauten Küsten reicht, wie stark ist sie dann erst am Nordpol? Kaum vorstellbar! Alles Eisen wird unwiderstehlich angezogen, die Nägel und Eisenreifen zieht's aus den Schiffen, und das ist dann schon ziemlich das Ende der Reise.

So kann man sich täuschen.

Heute wissen wir: Es gibt keinen Magnetberg, sondern ein Magnetfeld. Die ganze Welt ist ein Magnet, und wie bei jedem Magneten gibt es auch auf der Erde zwei Pole: einen Nord- und einen Südpol und eine Richtung. In der die magnetische Kraft wirkt. Ganz ohne Magnetberg.

Wo aber gibt's Magnete?

Ja, ja, die Milch gibt's im Milchladen und Sammelbilder am Kiosk. Aber Magnete? Teelichter? Mikroskope? Da fängt die Arbeit an. Oder der Spaß, je nachdem. So viel sei gesagt: Wissenschaftler fallen nicht vom Himmel und die Wissenschaft auch nicht, da muss man durch mit Suchen, aber das ist auch nicht schlimm: Weil's bildet. Man lernt. Lernt die Welt kennen, weiß dann, wo es was für wie viel gibt, steht nicht mehr so dumm rum, und das ist eigentlich schon Wissenschaft: sich kümmern um das ‚Wie' und ‚Wo'. Und wenn man's genau nimmt, noch um das ‚Warum'.

Deshalb heißt das Buch ja auch: Ich bin ein Wissenschaftler! Das sind nämlich keine komischen Käuze, die schusselig durch die Welt laufen, den Kopf voller Weisheit haben, aber nicht wissen, wie man sich die Schuhe zubindet, nein: Wissenschaft treiben heißt rauskriegen wollen, wie die Dinge funktionieren. Und da gehört auch dazu, dass man sich die nötigen Kleinigkeiten besorgt, eben das Werkzeug.

Da darf man also nicht verzagen, wenn man mal nicht gleich was findet, und wenn's nicht klappt. Da muss man am Ball bleiben, nachdenken, rumfragen und was ausprobieren, dann findet sich eine Lösung. Für die Probleme hier im Buch allemal. Also: Nicht im Zimmer verstecken und über die Schwierigkeiten der Wissenschaft und des Lebens klagen, sondern raus: Draußen ist die Welt!

Magnete gibt es im Magno-Markt*.
**Und alle Worte mit so * einem Sternchen werden im Glossar* ab Seite 94 erklärt.
Für ganz kniffelige Basteleien gibt's hinten im Buch noch ein paar Tipps, ansonsten gilt: Probieren geht über Studieren!**

Natürlich muss man immer aufpassen und beim Basteln ganz besonders. Aber wenn der kleine Aufpasser mit Brille oben erscheint, dann soll man das nicht ohne einen Erwachsenen machen, weil: Die sind halt schon erwachsen!

Überhaupt die Erwachsenen. Dass sie immer alles besser wissen, nervt. Aber manches wissen sie halt doch besser, und stärker sind sie auch, keine Kunst. Deshalb sollen sie bei den Versuchen mit anpacken, und das macht dann wirklich Spaß.

Draußen ist die Welt!

Natur
Welt
Wasser

Wasserwelt

Was ist schon dran am Wasser? Fast ist es langweilig: Jeder kennt es, es schmeckt und riecht nach nichts, und durchsichtig ist es auch. Was soll man da forschen? Forscher sollten sich mit wichtigen, seltsamen Dingen befassen, die Geheimnisse bergen, die Wunder der Welt erforschen. Warum gibt es Mehlwürmer? Und warum ist der Mond so öde?

Das mit dem Mond ist schnell gesagt: Es liegt am Wasser und an der Luft. Der Mond hat keines von beidem, und auch sonst ist im Universum keine Welt bekannt, auf der man ohne dicken Schutzanzug nur mal so in der Badehose rumturnen könnte. Die Luft umhüllt die Erde und schützt sie mit allem, was auf ihr wächst und gedeiht. So gibt es mitten im endlos weiten, unwirtlichen Weltraum einen blauen Planeten, auf dem es sich gut leben lässt: Nicht zu kalt ist es dort und auch nicht zu heiß, geschützt vor den Strahlen im All und mit einem Zaubertrank ausgestattet, der Blumen, Fische, Pinguine und Dattelpalmen leben lässt und dem Menschen alles bietet, was er braucht. Wasser heißt diese magische Flüssigkeit. Sie wollen wir als Erstes erforschen.

Wo ist Wasser? Überleg mal, wo und wann du eigentlich mit Wasser zu tun hast. Oft und fast überall: beim Zähneputzen und Sockenwaschen, im Schwimmbad und beim Frühstück. Sogar wenn du traurig bist.

Auch die Erwachsenen hantieren dauernd mit dem Wasser: bei der Feuerwehr, im Hafen und auch in der Fabrik, zu Hause, im Garten und – natürlich am liebsten – im Urlaub.

Der Mond ist öd und leer. Es gibt kein Wasser und vor allem: keine Luft. Deshalb tragen die Mondfahrer dicke Schutzanzüge. So können ihnen auch Kälte, Hitze und die gefährlichen Strahlen aus dem Weltall nichts anhaben.

10

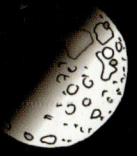
Kein Wasser – kein Leben: Der Mond ist leer und unbewohnbar. Es gibt keine Luftschicht, die das Leben schützt.

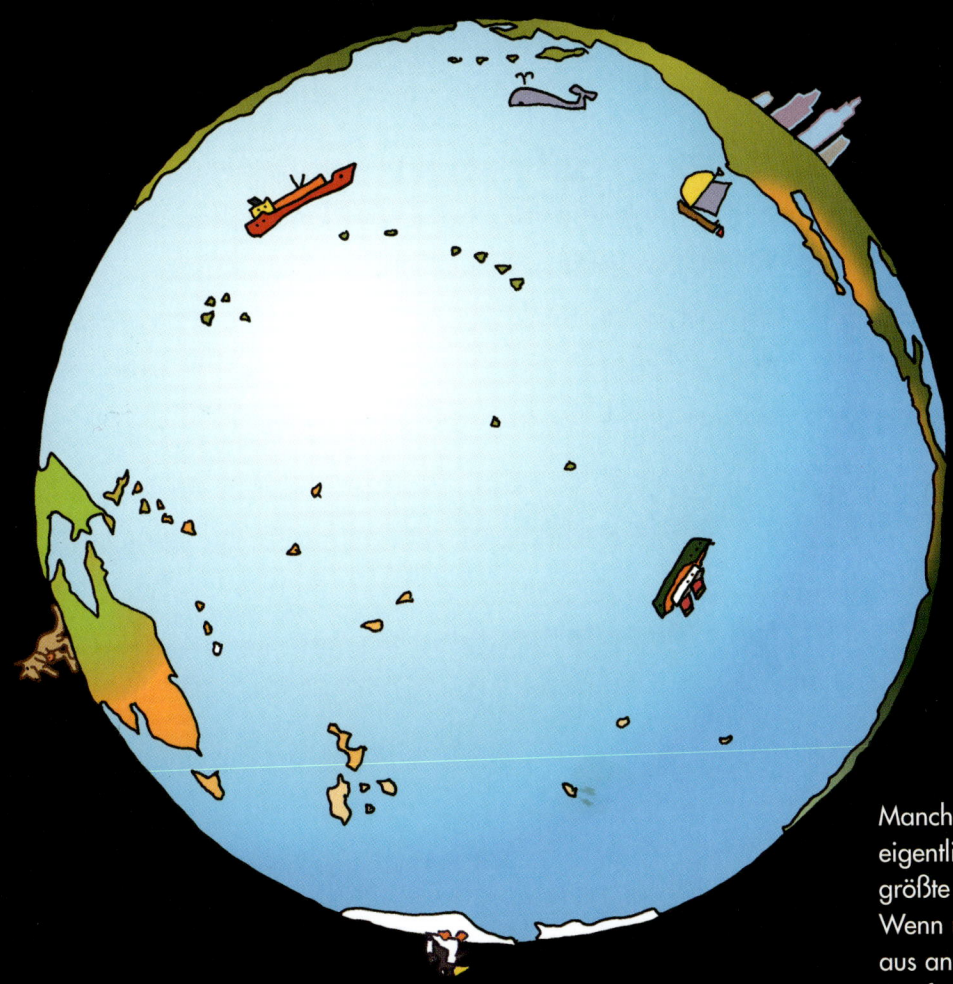

Manche meinen, die Erde müsste eigentlich ‚Wasser' heißen, weil der größte Teil mit Wasser bedeckt ist. Wenn man sie von der anderen Seite aus anschaut, also in der Gegend des Pazifischen Ozeans, kann man das glauben: Man sieht fast nur Wasser!

Die Luft wird nach oben in den Weltraum hinein immer dünner. Die Luft und die anderen Gase, in die die Erde gehüllt ist, nennt man Atmosphäre*.

Ohne Wasser gibt es kein Leben: Die Pflanzen brauchen es, die Tiere und natürlich auch die Menschen.

In der Natur gibt es alles, was die Menschen zum Leben brauchen. Den Rest stellen sie selber her. Da ist dann aber auch viel Zeug dabei, das nicht wirklich gebraucht wird, und manches bekommt der Natur gar nicht gut: die Abgase von Autos, LKWs und Flugzeugen zum Beispiel.

Bei unseren Untersuchungen beginnen wir jetzt mit dem Wasser. Die erste Frage lautet: Wo kommt es eigentlich her?

Kreislauf

Wo kommt das Wasser her? Aus der Leitung. Und wie kommt es in die Leitung? Eine Geschichte ohne Anfang, ohne Ende: der Wasserkreislauf. Seitdem es Wasser auf der Erde gibt, also seit vielen Millionen Jahren, fließt es von den Bergen, vom Land ins Meer. Was im Boden versickert, nehmen auch die Pflanzen gerne – Blumen muss man gießen!

Die Sonne erwärmt die Erde, die Luft und die Ozeane. Warme Luft nimmt Wasser auf. So steigt das Wasser aus der Erde, den Seen, Pflanzen und Ozeanen unsichtbar in den Himmel. Oben im Himmel ist die Luft kälter. Die Luft kühlt ab, und das unsichtbare Wasser wird zur sichtbaren Wolke, die der Wind vor sich hertreibt.

Aus den Wolken fällt der Regen, fällt aufs Land, auf die See, fällt auf Wiesen, Bäume und den Fahrradweg. Nach dem Regen verschwinden die Pfützen. Wohin? Das weißt du jetzt: Das Wasser wird von der Sonne erwärmt, steigt auf, wird zur Wolke … ein ewiger Kreislauf. Alles Wasser, das du verbrauchst, kommt aus diesem Kreislauf und fließt dorthin zurück.

Das Wasser, das du verbrauchst, hat eine lange Reise vor und hinter sich: Vom Wasserwerk fließt es in langen unterirdischen Leitungen ins Haus und durch den Abfluss wieder hinaus.

Im Keller ist die Wasseruhr. Sie misst, wie viel Wasser verbraucht wird. Zu viel kommt teuer.

Das Wasser sammelt sich über den wasserundurchlässigen Schichten unter der Erde. In kleinen Brunnenhäusern wird es aus der Tiefe geholt und ins Wasserwerk geleitet. Damit es kräftig aus dem Hahn läuft, wird es in den hohen Wasserturm gepumpt. Von dort saust es mit Karacho durch die Leitungen ins Badezimmer.

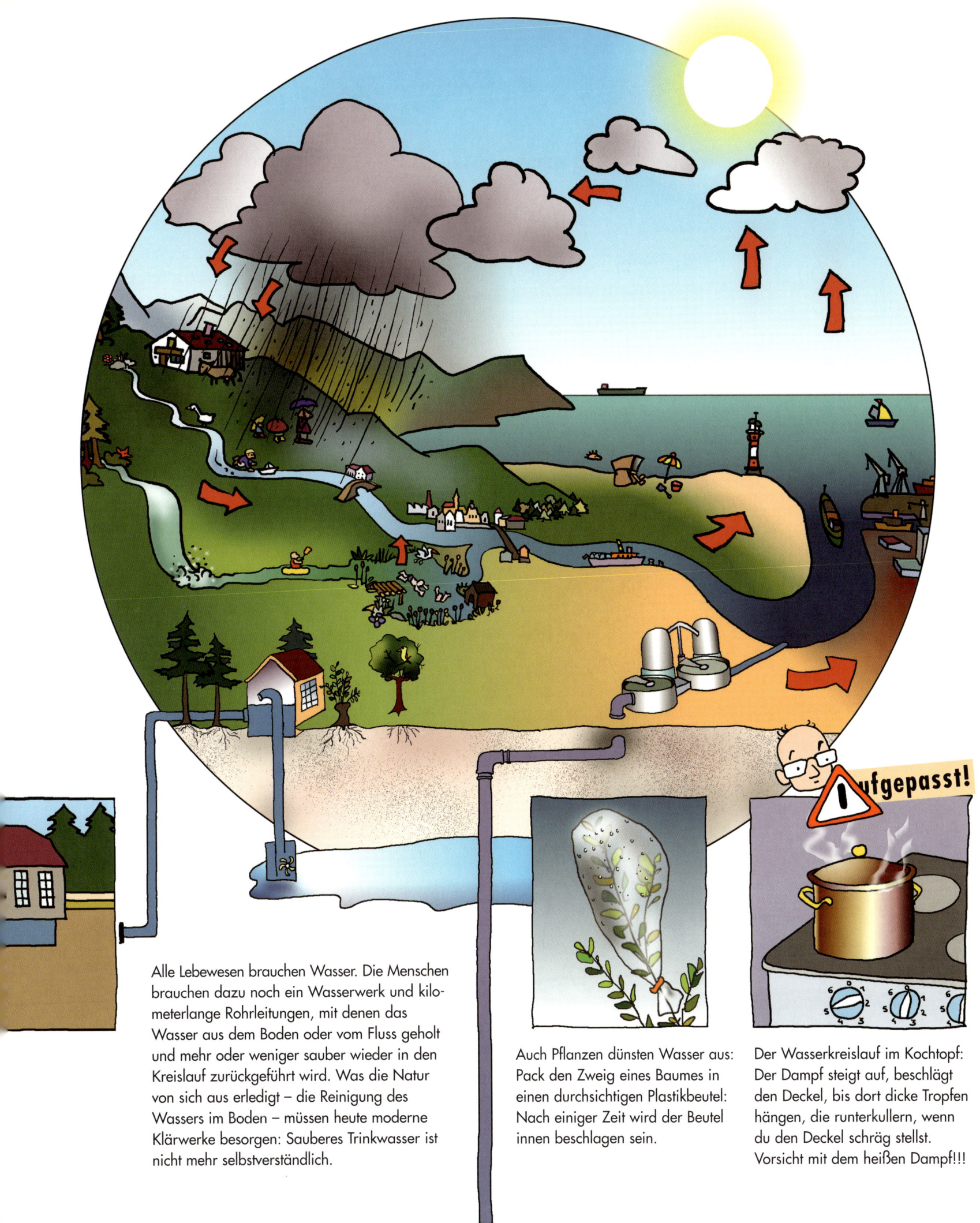

Alle Lebewesen brauchen Wasser. Die Menschen brauchen dazu noch ein Wasserwerk und kilometerlange Rohrleitungen, mit denen das Wasser aus dem Boden oder vom Fluss geholt und mehr oder weniger sauber wieder in den Kreislauf zurückgeführt wird. Was die Natur von sich aus erledigt – die Reinigung des Wassers im Boden – müssen heute moderne Klärwerke besorgen: Sauberes Trinkwasser ist nicht mehr selbstverständlich.

Auch Pflanzen dünsten Wasser aus: Pack den Zweig eines Baumes in einen durchsichtigen Plastikbeutel: Nach einiger Zeit wird der Beutel innen beschlagen sein.

Der Wasserkreislauf im Kochtopf: Der Dampf steigt auf, beschlägt den Deckel, bis dort dicke Tropfen hängen, die runterkullern, wenn du den Deckel schräg stellst. Vorsicht mit dem heißen Dampf!!!

aufgepasst!

Dunst

Bleibt man nur lang genug in der Sonne, wird jede Badehose trocken, das weiß man ja. Aber – was passiert da eigentlich? Das brachte schon die alten Griechen vor über 2.000 Jahren ins Grübeln und auf eine Idee: Kann es nicht sein, dass das Wasser in Teilchen zerstreut wird, Teilchen, so klein, dass sie nicht mehr sichtbar sind? Die Teilchen, die so klein sein sollen, dass man sie nicht mehr teilen kann, die Atome* heißen?

Heute wissen wir, dass die Wasserteilchen aus drei kleinen Teilchen bestehen: zwei Wasserstoffatomen und einem Sauerstoffatom. Wissenschaftler nennen Wasserstoff ‚H' und Sauerstoff ‚O'. Wasser heißt dann H_2O, und so eine Verbindung nennt man Molekül*.

Die Luft kann diese kleinen H_2O-Teilchen aufnehmen; je wärmer sie ist, desto mehr. Warme, feuchte Luft kann einen ganz schön fertig machen. Wird sie kalt, wenn sie in den kühlen Himmel steigt oder aus der Dusche heraus an den kalten Badezimmerspiegel schwebt, schließen sich die kleinen Teilchen zu größeren zusammen und werden so – noch nicht als einzelne Tröpfchen, aber als beschlagene Scheibe, Dampf oder Wolke – sichtbar.

Nach schönen, wolkenlosen Tagen kühlt die Luft in der Nacht stark ab. Morgens kann man dann bis zum Horizont hin den Dunst als feinen Schleier in den Tälern sehen.

Wasser verschwindet. Stell zwei Schalen mit (nicht zu viel, aber gleich viel) Wasser ab: eine in die Sonne, die andere in den Schatten, und warte. Naturwissenschaft ist beobachten und warten. Nach nicht allzu langer Zeit ist das Wasser aus der Sonnenschale verschwunden. Wohin?

Mit einem Kiefernzapfen kannst du die Luftfeuchtigkeit messen: Er schließt sich, wenn's feucht wird, und öffnet sich bei Trockenheit. Pieks eine Nadel an das Ende eines Stiels, kleb den Zapfen auf ein Brett, stell einen Karton dahinter und notier den Ausschlag der Nadel.

14

Schäfchenwolken

Zirrus

Kumulus

Stratus

Nebel

Es gibt viele Namen für die Wolken und noch viel mehr Formen. Die feinen, sehr hohen Wolken heißen Feder- oder Zirruswolken. Die Schäfchenwolken sehen so aus, wie sie heißen. Die dicken Kumuluswolken sind Haufenwolken, erinnern an Blumenkohl, Riesen mit langen Nasen oder Zirkuspferde und bringen schönes Wetter; wenn sie sehr groß werden, gibt es allerdings bald ein Gewitter!

Wenn heiß geduscht wird, sieht man (fast) nichts mehr im Spiegel, die winzigen Wasserteilchen ziehen sich zusammen, der Wasserdampf kondensiert* auf der kalten Glasfläche.

Manchmal ist vom Himmel nichts zu sehen, er ist bewölkt. Eine große Wolkenschicht liegt über dem Land. Stratuswolken nennen Wetterkundige das, was von oben wie ein riesiges Wolkenmeer aussieht und in der Wolke einfach nur Nebel genannt wird: trüb, Suppe, null Sicht.

Nachts wird es kalt. Wenn die Gräser, Bäume, Steine und Spinnennetze kälter sind als die Luft, legt sich kondensiertes Wasser drauf und leuchtet in der Morgensonne: der Tau.

Regen

Ohne Wolken kein Regen. Aber nicht jede Wolke bedeutet Regen. Wann regnet's dann? Das wollen alle wissen, besonders natürlich die Bauern, Seeleute, Flugkapitäne, Fußballspieler und die Leute vom Wetterbericht.

Früher kannten die Menschen nur ihren kleinen Flecken Erde, aber sie haben das Wetter dort sehr genau beobachtet und ein paar Wetterregeln entdeckt, die sich sehen lassen können. Heute beobachten Tausende von Messgeräten das Wetter, aber auch die Computer können nicht mal das Wetter der nächsten Woche vorausberechnen. Beim Wetter spielt eben viel mit.

Wie Regen entsteht, weiß man wohl: Wenn die Tröpfchen, aus denen die Wolken bestehen, zu groß und schwer geworden sind, fallen sie nach unten – es regnet, wie viel, das kannst du messen. Gefrieren die Tröpfchen zu großen Eiskristallen, schneit es; die Temperatur ist eben auch sehr wichtig für eine Vorhersage, genauso wie Luftfeuchtigkeit, Windrichtung und Luftdruck.

Mit ein paar Geräten kannst du das Wetter schon sehr genau beobachten. Bau dir deine eigene Wetterstation!

So groß kann ein Regentropfen sein:

5 Millimeter

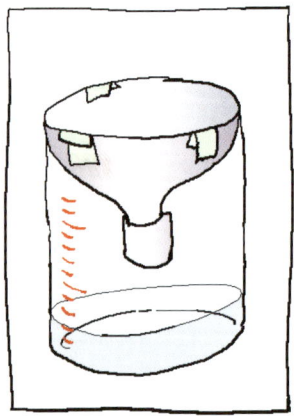

Eine auseinander geschnittene Mineralwasserflasche aus Plastik gibt ein gutes Regenmessgerät, die kleine Öffnung verhindert das Verdunsten.

Regen kann verdrießlich machen, muss es aber nicht. Zieh deine Gummistiefel an und geh raus. Was gibt es zu sehen? Wann wird das Wetter wieder besser?

Der Pfeil zeigt die Windrichtung an. Schneid Pfeilende und Pfeilspitze aus, kleb sie auf eine kleine Stange, umwickel diese mit festem Draht (oder einer aufgedrehten Büroklammer), steck das Ganze in ein dünnes Bambusrohr und das wiederum in eine Flasche, einen Blumentopf . Bald weißt du, woher der Wind weht, er bring das Wetter. Zieh dich warm an, wenn die kalte Herbststürme pfeifen, und nimm eine helle Jacke Damit dich die anderen in der dunklen Zeit sehen können!

kalte Luft

5kg

trockene Luft

H

T

Wenig Luftdruck ist ein Tief. Warme Luft ist leicht und steigt deshalb nach oben.

Wenn die trockene Luft nach oben entschwebt, zieht Luft in das Tiefdruckgebiet nach. Die Luft bewegt sich: Wind kommt auf oder gar Sturm (blauer Pfeil). Ist die nachziehende Luft feucht, gibt's Regen.

Hoch heißt: hoher Luftdruck. Kalte (und damit schwere) Luft, die nur wenig Wasser aufnehmen kann, drückt nach unten. Die Luft ist trocken – und die Regenschirme bleiben zu Hause.

Dass die Wärme nach oben geht, kannst du an jedem Feuer sehen: Der Rauch steigt nach oben.

Der Frosch macht keine Wettervorhersage, er geht auf die Leiter, wenn die Sonne scheint; dann gibt es oben jede Menge Fliegen und Libellen. Auch ein Barometer kann nicht sagen, wie das Wetter wird. Wenn dort also ‚schön' und ‚Regen' draufsteht, kann man sich nicht drauf verlassen. Nur: Ob der Luftdruck fällt (= Tief) oder steigt (= Hoch), das wird richtig angegeben. Damit weißt du auch schon eine ganze Menge über das kommende Wetter. Bau dir dein eigenes Barometer.

Du brauchst: ein großes leeres Gurkenglas, einen (halben) Luftballon, Klebeband und ein Schaschlikstäbchen, ein Stück Pappe und was zum Schreiben.

Den Luftballon oben über das Glas spannen, das Stäbchen in der Mitte festmachen und die andere Spitze nahe an die Pappe schieben, den Ausschlag markieren. Den Versuch während eines Tiefs starten.

Eis

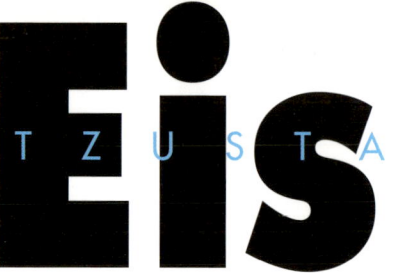

Alle mögen Eis – im Sommer. Im Winter nicht so: Glatteis, Treibeis und Eisberge sollte man meiden; wer nicht aufpasst, riskiert sein Leben – siehe Titanic.

Eis ist Wasser und schwimmt. Wasser ist in dieser Hinsicht nicht normal: Kaltes flüssiges Wasser ist schwerer als festes. Am schwersten ist Wasser bei 4° Celsius, wird es noch kälter, wird es wieder leichter und dehnt sich aus: als Eis bis zu 10 %. Wer eine Glasflasche Limo ins Eisfach legt, hat dort bald nur noch Scherben, eine große Sauerei und noch viel größeren Ärger mit den Erwachsenen. Wasser ist eben nicht normal.

Dass es Wasser unsichtbar in der Luft als Gas, dann als Flüssigkeit und fest als Eis gibt, ist normal. Dass diese drei Zustände ohne menschliches Zutun einfach so auf der Erde existieren, ist ungewöhnlich; bei Gold, Luft und Magnesium* ist das anders: Für flüssige Luft oder dampfendes Gold braucht man schon sehr große Maschinen.

Weil die Temperaturunterschiede beim Wasser also recht überschaubar sind, hat Herr Celsius den Abstand vom Eis zum Dampf in 100 Grade geteilt. Bist du gesund, hast du ziemlich genau 37° Celsius Körpertemperatur.

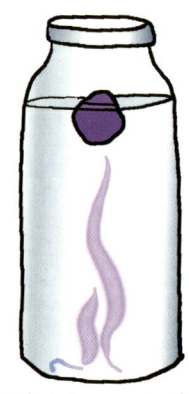

Eis im Winter wird doch auch vom einen oder anderen geliebt.

Das kennst du: Das Eis schwimmt auf der Cola. Normalerweise sind feste Körper schwerer als die in flüssigem Zustand. Bei Wasser und Cola ist's anders.

Misch Lebensmittelfarbe in Wasser und frier das als Würfel ein. Wenn der im Wasser auftaut, fällt das gefärbte kalte Wasser ganz nach unten: Es ist schwerer als der Rest.

Wasser kälter als null Grad? Mit Salz! Salz senkt den Gefrierpunkt ab: je mehr Salz, desto tiefer der Gefrierpunkt. Das weiß auch der Straßendienst und streut im Winter Salz auf die Straße. Die Bäume mögen das gar nicht.

Misch dir selber dein Eis. Aus Quark, Milch, Marmelade, Joghurt und und und ... Füll alles in einen Joghurtbecher, steck einen Eierlöffel rein, alles ins Eisfach und nach zwei Stunden: lecker!

Es war einmal ein riesiges Schiff, das niemals untergehen konnte – so glaubten es jedenfalls die Ingenieure, die das Schiff gebaut hatten. Und weil sie fest an die Größe, Kraft und Herrlichkeit ihrer Konstruktion glaubten und natürlich auch sehr stolz waren, nannten sie es ‚Titanic' – die Gewaltige. Dann ging das Schiff auf Jungfernfahrt, rammte einen Eisberg und versank. Dumm gelaufen.

Damit hatte keiner gerechnet. Und zu einem Unglück kommt das andere dazu: Es gab zu wenige Rettungsboote, den Notruf*, den der Funker rausgeschickt hatte, wollten die anderen Schiffe nicht hören, und überhaupt war die Konstruktion auch nicht so toll: Einmal das Wasser im Boot, konnte es überall hinlaufen, man hatte einfach nicht glauben wollen, dass so einem gewaltigen Schiff irgendetwas hätte Schaden zufügen können.

Gleich wurde gerufen, dass das ja gar nicht gutgehen konnte, und dass die Menschen hübsch bescheiden bleiben und nicht in Riesenkähnen das Schicksal herausfordern sollten. Es war aber nicht das Schicksal, das dieser Atlantik-Überquerung den Garaus machte, sondern ein Eisberg, was an und für sich nichts Neues darstellt für diese Sorte Schiffsverkehr, aber aufpassen muss man schon. Und da war dem Kapitän doch die Pünktlichkeit und der Triumph wichtiger. Pech.

Später wurde dann über die ganze Sache ein Herz zerreißender Film gedreht, sodass die Tragödie der Titanic für einige doch noch ein schöner Erfolg wurde.

Frier etwas Kleines ein: eine Muschel mit einer Papierblume an der Schnur. Im Eispanzer schwimmt das, und wenn das Eis schmilzt, geht die Muschel langsam unter, und die Blume blüht auf.

Schwimmen

A U F T R I E B *

Eis schwimmt auf dem Wasser. Eis ist erstarrtes Wasser und nimmt mehr Raum ein als flüssiges Wasser. Fische schwimmen auch. Fett schwimmt, aufgeblasene Luftmatratzen, Holz, Playmos. Steine schwimmen nicht, Eisen schwimmt nicht. Eisen? Schiffe sind aus Eisen. Und schwimmen trotzdem. Warum? Weil feste Dinge, ein Ball oder eine Eisenkugel, das flüssige Wasser beiseite drücken. Das Wasser, das die Eisenkugel wegdrückt, wiegt weniger als die Kugel – also geht diese unter. Beim Ball ist das Wasser schwerer: Er schwimmt. Wie viel Raum das Gewicht hat, kannst du selber bestimmen: mit Knete!

Kleine Dinge schwimmen manchmal auf dem Wasser, obwohl sie eigentlich untergehen müssten. Sie schwimmen trotzdem, weil das Wasser zusammenhält, das siehst du auch an jedem Tropfen: Wasser zerrinnt nicht einfach, es bleibt immer irgendwie ein bisschen zusammen. Außer man gibt Spülmittel dazu.

Die Menschen sind fast genauso schwer wie Wasser: Wer nicht untergehen will, muss also kräftig mit Armen und Beinen rudern – und wer tauchen will, genauso.

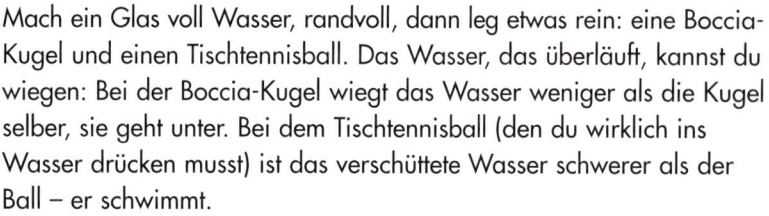

Mach ein Glas voll Wasser, randvoll, dann leg etwas rein: eine Boccia-Kugel und einen Tischtennisball. Das Wasser, das überläuft, kannst du wiegen: Bei der Boccia-Kugel wiegt das Wasser weniger als die Kugel selber, sie geht unter. Bei dem Tischtennisball (den du wirklich ins Wasser drücken musst) ist das verschüttete Wasser schwerer als der Ball – er schwimmt.

Nimm ein Stück Knete und dreh eine Kugel: Sie geht unter. Dann form aus der Knete ein Schiff – es schwimmt!

Leg eine Rasierklinge gaaaanz vorsichtig flach auf die Wasseroberfläche: Die Klinge geht nicht unter, denn: Wassertropfen halten zusammen!
(Schneid dich nicht!)

Schneid eine Seerose aus und falte sie mit den Ecken in der Mitte zusammen. Wenn du die geschlossene Blüte ins Wasser legst, geht sie langsam auf. Zauberhafte Blütenpracht!

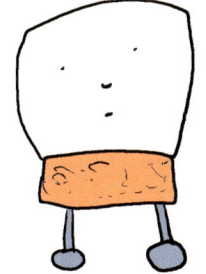

Schwimmer: Bau dir deine Mannschaft aus Kork. Mit Beinschrauben und Papiergesichtern, die in einem Korkschlitz stecken.

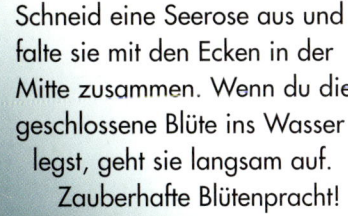

So musst du die Seerose zeichnen und ausschneiden. Wenn sie schön gemalt ist, kommen vielleicht auch Libellen.

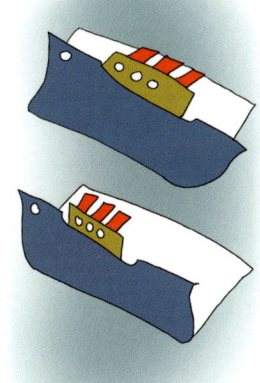

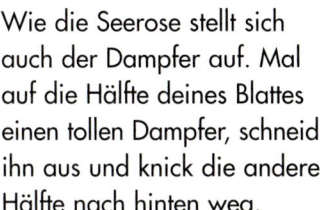

Weil das Wasser zusammenhält, können auch kleine Tiere über das Wasser laufen – dieser Wasserläufer zum Beispiel.

Wie die Seerose stellt sich auch der Dampfer auf. Mal auf die Hälfte deines Blattes einen tollen Dampfer, schneid ihn aus und knick die andere Hälfte nach hinten weg.

Was schwimmt? Und was schwimmt unter Wasser?

Was schwimmt? Teste alles! Zitronen, zum Beispiel, schwimmen. Aber nur mit Schale, da ist Luft drin. Geschält gehen sie unter.

Wer nicht schwimmen kann, soll es mal mit Tauchen probieren – aber da, wo man noch stehen kann. Der Rest – das Schwimmen – kommt dann schon.

Auch Flüssigkeiten können schwimmen – die eine sogar auf der anderen! Probier es aus mit Wasser, Öl und Honig. Und dann leg eine Weintraube rein, eine Nuss und ein Schräubchen. Was schwimmt, was geht unter, warum?

Mischen

Mischen •kann man natürlich alles Mögliche: Karten, Farben und Milch mit Erdbeeren – die müssen aber klein geschnitten sein, kommen in den Mixer, Stufe 3, und dann ist das ein leckerer Milchshake, aber auch Wissenschaft, nämlich eine Suspension*, man sieht ja noch kleine Erdbeerteilchen und Fitzelchen in der sämigen Milch schweben. Und auch die Milch selber ist eine Suspension: Kleine Fettteilchen schweben da in Wasser. Auch das kannst du sehen, vor allem, wenn die Milch sauer wird: Dann klumpt das fein verteilte Fett, und alles ist iiiiih. Wenn man aber noch ein bisschen länger wartet, wird aus den kleinen Klumpen ein schöner Glibber, saure Milch, die schmeckt dann köstlich. Besonders im Sommer und mit Zimt.

Zucker löst sich ganz in Wasser auf, das ist dann eine Lösung*. Man sieht's der Cola nicht mehr an, welche Unmengen an Zuckerstückchen da mit in den Bauch wandern, höchstens später dem Bauch, aber das ist ein anderes Kapitel. Hier geht's um das Wasser: Es ist ein hervorragendes Lösungsmittel, und selbst im Leitungswasser steckt noch viel drin: Kalk und so. Den sieht man dann nach einem Monat in der Kaffeemaschine.

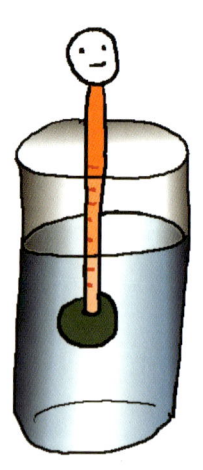

Gib etwas Farbe – Tinte oder Lebensmittelfarbe – ins Wasser und schau zu, wie der Farbnebel aufsteigt, sich kräuselt und langsam im Glas auflöst. Wasserlösliche Farbe riecht nicht so ätzend wie Ölfarbe.

In eine kleine Flasche mit warmem Wasser wird etwas Lebensmittelfarbe gegeben. Mit einer Schnur wird sie in eine größere Flasche kaltes Wasser gestellt. Langsam steigt das warme Wasser nach oben.

Öl und Wasser mischen sich nicht, der Wissenschaftler sagt, sie sind unterschiedlich dicht, das weniger dichte Öl treibt auf dem dichteren Wasser und schillert im Hafenbecken oder in Pfützen in den Farben des Regenbogens.

Mischt man Salz ins Wasser, ändert sich die Dichte: Je mehr Salz, desto dichter ist das Wasser, dann können auch Dinge schwimmen, die sonst untergehen. Probier es aus mit einer Knetkugel, in die du einen Strohhalm steckst. Je mehr Salz, desto weniger tief sinkt die Kugel.

Die größten Mischer sind natürlich die Künstler. Sie mischen Farben, auf die sie dann unglaublich stolz sein können. Mal ein Bild mit schönen Farben!

Mal große Punkte mit Filzstiften auf Löschpapier. Dann gib Salz und etwas Wasser in ein Glas. Stell das Löschpapier ins Wasser: Langsam steigt die Farbe das Löschpapier hinauf und zeigt die verschiedenen Farben, aus denen sie zusammengemischt ist. Dunkle Farben zeigen die interessantesten Mischungen.

Ölfarbe und Wasser vertragen sich nicht. Gib ein paar Tropfen leuchtender Ölfarben in eine Schüssel mit Wasser und ein paar Tropfen Essig. Rühr um und leg ein Blatt auf die Wasseroberfläche. Nimm es vorsichtig ab und lass es trocknen: Schön!?

schüttel

schüttel

Viel Butter macht dick, viel Buttermilch hält fit!

Dass sich Essig und Öl schlecht vertragen, weiß jeder, der schon mal eine Salatsoße gemacht hat. Wie überhaupt in der Küche viel gemischt wird: Milch mit Eiern, auf Butter wird Wein gegeben und so weiter. Deshalb gibt's für langes Rühren auch den Mixer. Für eine gute Salatsoße braucht man nur Essig, Öl, Pfeffer und Salz. Wer will, kann alles Mögliche dazutun: Zucker, Gurken, Joghurt und Schnittlauch …

Dass sich Fett mit Wasser doch auch zu einer Flüssigkeit zusammentun kann, sieht man an der frischen Milch. Steht sie zu lange rum, wird sie sauer, und das Fett trennt sich vom Wasser. Wenn man das Fett aus der Milch ziehen will, ohne dass sie sauer wird, nimmt man den Rahm, also das Fett, das sich oben an der Milch absetzt, gibt es in eine verschließbare

Dose, bis diese halb gefüllt ist, und noch eine gaaaanz saubere Münze dazu. Dann muss man die Dose eine Viertelstunde schütteln und hat einen Kloß, den man in ein Küchentuch packt, damit man die Buttermilch schön rausdrücken kann. Wer die ganze Butter aufisst, wird dick.

23

Leben

Wer eine Katze hat oder ein Meerschweinchen oder einen Wellensittich, der weiß das: Immer muss ein Napf frisches Wasser da stehen. Wer ein Kind hat, weiß es auch: Immer muss im Kühlschrank was zum Trinken sein. Das ist kein Wunder: Die Menschen bestehen selber zu zwei Dritteln aus Wasser, und bei den Tieren gibt's welche, die sind fast nur Wasser: die Quallen zum Beispiel. Man muss also ständig nachgießen.

Die Menschen können längere Zeit ohne feste Nahrung auskommen, aber nur wenige Tage ohne Wasser, dann verdursten sie. Wer schwitzt, verliert Flüssigkeit und muss viel trinken. Kamele schwitzen nicht, deshalb sind sie gut für die Wüste geeignet. Die Wüstenspringmaus auch: Sie braucht nur ganz wenig Wasser. Wie der Kaktus und wie sich überhaupt alle Lebewesen an den Wasservorrat der Umgebung angepasst haben.

Auch die winzigen Bakterien* brauchen Wasser, deshalb halten getrocknete Lebensmittel – Bohnen, Nudeln, Müsli und Stockfisch – lange: Da können Bakterien nicht existieren. So haben sich die Menschen ihre Umgebung passend gemacht. Das ist der Unterschied zur Wüstenspringmaus.

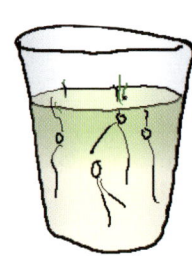
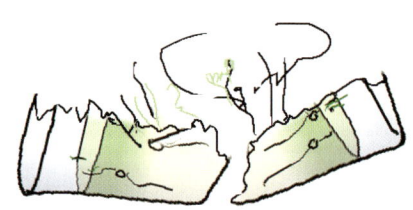

Pflanzen mit Sprengkraft: Besorg dir Plastikbecher und Gips. Gips anrühren und Bohnen oder Erbsen unterrühren, in Plastikbecher füllen. Erst rührt sich nichts, nach ein paar Tagen bilden sich Risse im Gips, schließlich sprengen die keimenden Erbsen den Plastikbecher. Gips mit Blumensprüher anfeuchten geht schneller ...

Die Pflanzen brauchen Wasser und Sonne. Schneid in einen Karton ein Fenster und setz wie oben Zwischenwände und ein Schälchen mit Blumenerde und Bohnen ein. Jeden Tag gießen, sonst geschlossen halten. Die Bohnen keimen und streben zum Licht, sie wachsen um die Ecke.

Bau dir deinen eigenen Kreislauf: Nimm ein schönes, großes, fest verschließbares Glas und pflanz etwas ein, zum Beispiel ein Usambaraveilchen. Unter der Erde sollte Holzkohle sein, gieß mit destilliertem Wasser, schließ ab und schau zu. Du hast jetzt nämlich ein Glas ewiges Leben.

Wer ein Mikroskop hat, ist fein raus: Er kann Wasser, Pfützen und alles Mögliche untersuchen und viele kleine Tiere finden. Zum Beispiel Wasserflöhe.

In den Tropen* gibt es keinen Winter. Aber jede Menge Regen. Der schafft zusammen mit der Wärme am Äquator ein Klima, in dem 1.000 und noch mehr Arten gedeihen: Tiger, Schlingpflanzen, Schmetterlinge, Menschenaffen und endlos viele Insekten, Vögel, Schlangen und Wasserpflanzen. Ein Paradies der Artenvielfalt, das jetzt nach und nach für anderes Wachstum platt gemacht wird.

Leg eine Bohne eine Nacht in Wasser. Dann steck feuchtes Löschpapier in ein Glas und die Bohne zwischen Glas und Papier. Die Wurzeln wachsen immer nach unten. Wenn die Wurzeln und ein kleiner Stiel gewachsen sind, verschließ das Glas, und stell es auf den Kopf, und warte ein paar Tage. Was passiert?

Druck

Dass Wasser Kraft hat, weißt du: Denk an die Brause in der Badewanne. Dreh sie voll auf, und du merkst den Druck, der durch den Schlauch donnert. „Das sollte man nutzen!", haben sich die Leute vor 2.000 Jahren gedacht, und so haben sie die ersten Mühlen gebaut, die Wassermühlen, das waren dann die ersten Maschinen: Kein Mensch und kein Tier muss mehr schuften, das Ding dreht sich von alleine und mahlt zum Beispiel das Korn. Und weil das Wasser zusätzlich schwere Sachen tragen kann, hat man sich auch das zu Nutze gemacht: Flöße und Boote waren die ersten Verkehrsmittel. Eine praktische und billige Arbeitskraft: Wasser.

Aber nicht nur das flüssige Wasser hat Kraft, auch der Dampf. Das kennen wir aus der Küche: Der Dampf kann – für so etwas Dünnes, Durchsichtiges wie Dampf äußerst bemerkenswert – einen schweren Topfdeckel hochheben und drunter durchflutschen.

Das haben die Leute etwas später ausgenutzt, und sie haben die Dampfmaschinen gebaut. Mit denen fing die moderne Zeit an: die Zeit der Fabriken, der Technik und der Naturwissenschaften.

ufgepasst!

Man muss nur genau hinschauen: Der Dampf rüttelt am Deckel so lange, bis er einen kleinen Spalt findet, wo er entweichen kann. Daraus haben die Menschen eine Maschine gemacht.

Diese Dampfmaschine funktioniert nur sehr, sehr sachte: In die Aluminium-Zigarrenröhre ist heißes Wasser gefüllt. Sie steht auf einem leichten Bootskörper. Das Teelicht erhitzt das Wasser, bis der Dampf sich durch ein kleines Löchlein hinten in der Röhre drückt (Vorsicht!!), dabei stößt er sich ein wenig in der Zigarrenröhre ab – genug, um das Schiff leicht nach vorne zu treiben.

Streichholz am Ende spalten und einen Tropfen Spülmittel in die Kerbe hineinträpfeln. Das Holz aufs Wasser legen: Es fährt los. Warum? Weil das Spülmittel die Spannkraft des Wassers löst. Im Wasser darf aber (noch) kein Spüli sein!

Die Mühlen – die Wasser- und später die Windmühlen – waren die ersten Maschinen, sie haben die lebendige Kraft der Menschen und Tiere ersetzt. Durch die bloße Natur, das fließende Wasser und den wilden Wind. Bau dir eine Mühle, bau dir ein Wasserrad! Rechts treibt die Kurbel einen Hammer, der den Schlag der Kurbel an das Werkstück weitergibt. Das Wasser kommt von oben, die Mühle ist also oberschlächtig*. Das Rad steckt in einem Kunststoffblumentopf, ein recht großer Ausfluss ist unten in den Topf geschnitten. Das Rad ist mit Plastikdübeln auf der Achse fixiert*, die ist aus einem Reinigungskleiderbügel geschnitten, die Kurbel wurde mit einer Zange gebogen. Der Ratzefummel-Hammer hängt an einer abgeschnittenen, festgeklebten PET-Flasche.

Lass dir ein Stück Stahl-Kleiderbügel durch einen Korken drücken und säg ihn kreuzweise ungefähr 5 Millimeter ein. Die Mühlblätter kannst du aus Plastik oder einer Papier-Milchtüte schneiden. Zieh sie sorgfältig in die Schlitze der Korkachse ein.

Milchkartons sind als Mühlräder sehr gut geeignet. Schneid eine runde Scheibe aus. Dann machst du rundherum die Schnitte so weit zur Mitte hin, dass du die einzelnen Enden schön senkrecht gegen die Radfläche drehen kannst. Fixier das Rad mit Plastikdübeln!

Überraschungseier-Mühlrad: Kleb die leeren Ei-Hälften in einer Richtung rund um einen Papierteller. Drück ein Loch rein für die Achse und in den zweiten Teller auch. Kleb diesen auf die andere Seite der Ei-Hälften. Fixieren und fertig!

stark und schnell

Kraft
Bewegung
Energie

Stark!

Du bist stark, klar. Manche sind noch stärker, das sind dann Angeber. Und wo sitzt deine Kraft? In den Muskeln. Dafür muss man ordentlich essen. Ordentlich, das heißt nicht unbedingt viel. Wer zu viel isst, wird nicht stark sondern dick.

Im Essen liegt also die Kraft, im Gemüse und Obst, in den Haferflocken und im Fleisch, und diese Kraft kommt von der Sonne. Die Pflanzen nehmen sie als Wärme und Licht auf und verwandeln die Sonnenkraft in Traubenzucker und dabei auch das Kohlendioxid* der Luft in Sauerstoff; beides brauchen die Tiere: Traubenzucker (Kohlehydrate*) und Sauerstoff. So bereiten die Pflanzen den Tieren die Welt und die Tiere den Pflanzen mit der Luft, die sie ausatmen, dem Kohlendioxid, die Grundlage für die Zucker-, die Stärkeproduktion. Das ist der Kreislauf des Lebens.

Die Menschen nehmen alles, Tiere und Pflanzen, Fleisch, Fisch, Gemüse, Obst, Wurzeln und Korn, und lassen es sich schmecken. So werden sie groß und stark. Und weil sie clever sind, können sie Sachen machen, die sie eigentlich gar nicht stemmen könnten. Dafür benutzen sie dann ein paar pfiffige Werkzeuge ...

Wasser   Traubenzucker

  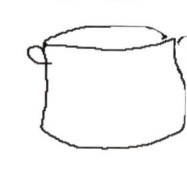

Luft ist ein Gas oder drei Gase: Kohlendioxid (CO_2), Sauerstoff (O_2) und Stickstoff. Mit der Kraft der Sonne stellen die Pflanzen in den grünen Blättern aus Kohlendioxid und Wasser Sauerstoff und Traubenzucker* her. Mit diesem Zucker werden sie selber stark und schmecken auch den Tieren und Menschen. Diese Herstellung heißt Photosynthese*.

Tiere und Menschen können den Sauerstoff der Pflanzen gut brauchen: Sie atmen ihn ein und verbrauchen ihn dabei auch zu Kohlendioxid. Das benutzen die Pflanzen.

Für dein Sonnenenergie-Menü brauchst du 250 Gramm Spaghetti, die du in gut drei Liter Wasser so kochen musst, dass sie nicht Matsche werden, etwas Salz und ein Schuss Öl im Wasser schaden nicht. Nach ungefähr acht Minuten sind die Nudeln fertig, gieß alles durch ein Sieb und verteil die Nudeln für dich und deinen Freund oder deine Freundin auf zwei Teller. Etwas Öl oder Butter oder kleine Schinkenstückchen und geriebenen harten Käse drüber: lecker Sonnenenergie!

Gemüse-Eintopf

Hühnersuppe

frisst

frisst

frisst

frisst

frisst

frisst

frisst

†

Alles landet im Kochtopf: Getreide, Wurzeln, Früchte, Bohnen, Zucker, Geflügel, Fleisch und Krabben. Was schmeckt dir am besten?

Die Kraft kommt von der Sonne: Licht und Wärme sind Energie, in ihnen schlummert Kraft, die Pflanzen saugen sie ein und lagern sie: Traubenzucker. Die Tiere fressen die Pflanzen, und so wandert die Kraft der Sonne zu den Tieren. Manche Tiere fressen keine Pflanzen, sondern nur Mäuse, kleine Vögel und hie und da einen Fisch. Über die bekommen sie dann auch ihre Portion Sonnenenergie. Fuchs, du hast die Sonne gestohlen!

Die toten Tiere werden von kleinen Maden und Würmern gefressen, die werden von den Vögeln gefressen, die werden von den großen Tieren gefressen – ein ewiger Kreislauf …

Hebel

Hebel sind einfache Maschinen, ganz einfache. Es gibt sie überall, wo wir etwas anpacken, heben, öffnen oder knacken müssen – wo wir Kraft brauchen. Der Hebel ist ein Trick, er hilft, wenn unsere Kraft nicht langt und sagt: Wenn's nicht auf einmal geht, dann eben langsam auf dem Umweg. Der Hebel ist fest und lang, wie zum Beispiel eine Stange, und er dreht sich um den Drehpunkt. Wenn wir zum Beispiel eine Kommode oder eine Giraffe hochheben wollen, hängt alles davon ab, wo die gerade stehen, und wo wir anpacken: je weiter weg wir vom Drehpunkt anpacken und je näher die schweren Sachen am Drehpunkt sitzen, desto leichter können wir die Trümmer bewegen, aber: Desto weiter ist der Weg, den wir an unserem Ende des Hebels zurücklegen müssen. Wenn die Kraft am langen Hebelarm klein und die am kurzen Arm groß ist, kann das unentschieden ausgehen: Dann ist Gleichgewicht!

Es gibt also zwei Kräfte: deine und eine andere. Diese macht die Sachen schwer und heißt Schwerkraft, darüber werden wir noch sprechen. Mit dem Hebel kannst du der Schwerkraft ein Schnippchen schlagen.

Auch die Schubkarre ist ein Hebel: mit der Radachse als (rotem) Drehpunkt. Wenn du die Karre hinten an den Griffen anpackst, kannst du sogar die schwere Giraffe heben. Und weil am Drehpunkt praktischerweise gleich ein Rad angebracht ist, kannst du sie überallhin transportieren.

Hier ist der (rote) Drehpunkt zwischen deinem Kraftansatz und dem Gewicht, der schweren Kommode. Um sie ein kleines Stückchen anzuheben, musst du dein Ende des (blauen) Hebels sehr weit runterdrücken, ohne Hebel würdest du das nie schaffen. Der Bär findet das blöd.

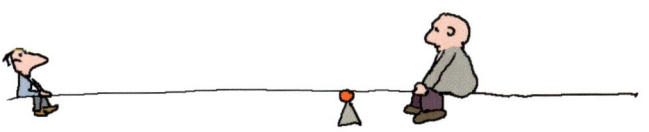

Ein cooler Hebel: die Wippe

Diese Waage gerät nie aus dem Gleichgewicht, weil der Schwerpunkt der Kartoffel durch das Gewicht der schräg eingepieksten Gabeln sehr weit nach unten gewandert ist. So kann die Kartoffel auf dem Flaschenrand mühelos balancieren.

Je länger das Ruder, desto größer ist der Schub.

Die Waage ist ein Hebel, erforsche die Hebelarmlänge mit einem Lineal, einem Achsstift und verschiedenen Gewichten.

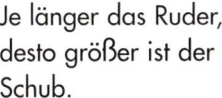

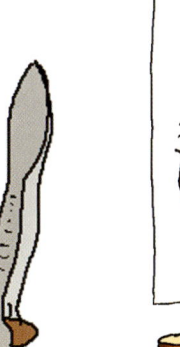

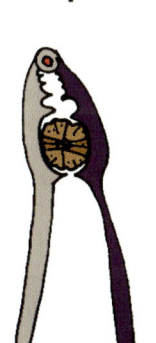

Pinzette und Nussknacker nutzen das Hebelgesetz: langer Weg, aber dafür volle Kraft!

Alle Zangen sind Hebel. Und können wiederum als Hebel verwendet werden. Mit der Zange kann man einen Tannenzapfen ganz schön zusammendrücken oder einen Nagel aus der Wand ziehen. Wenn man ein kleines Stück Holz unterlegt, hat man einen weiteren Hebel.

Der Hebel dreht sich immer um den Drehpunkt. Setzt man nahe am Drehpunkt an, braucht man viel Kraft, ist aber auch schnell auf Touren. Setzt man weiter draußen an, geht's leichter, aber man hat nicht viel Weg zurückgelegt. So funktioniert zum Beispiel die Gangschaltung vom Rad, und wenn man's recht betrachtet, das Rad überhaupt, es ist ein – Hebel. Das haben die Menschen schon vor 5.000 Jahren genutzt ...

Rundrum

Das Rad ist eine feine Sache. Das weißt du: vom Roller, vom Fahrrad, von der Eisenbahn. Räder sind an Kinderwagen und sogar an Flugzeugen. Räder sind gut, weil sie rollen: Man muss die Dinge nicht mehr über den Boden schieben oder nach oben stemmen, das will aber erst mal gewusst sein.

Die alten Ägypter, die vor vielen tausend Jahren die riesigen Pyramiden gebaut haben, mussten dafür große, schwere Steine in die Höhe wuchten. Weil sie keine Maschinen oder Kräne hatten, zogen sie die schweren Brocken über riesige schräge Rampen nach oben. Damit die Steine besser rutschten, gossen die Arbeiter Wasser auf die Rampe, Flüssigkeit vermindert die Reibung.

Legt man die Steine auf Rollen, zum Beispiel auf Baumstämme, geht es noch leichter, die Steine schrappen nicht mehr über den Boden. Sie können nun darüber rollen, wenig Reibung, wenig Arbeit. Manchmal kann man die Reibung aber auch gut brauchen: zum Beispiel beim Bremsen. Oder bei Glatteis.

Das ist das Problem: Der schwere Koffer soll nach oben. Wenn man ihn nicht einfach so hochziehen kann, braucht's eine schiefe Ebene: Auf ihr kann man schwere Koffer leicht(er) nach oben ziehen. Das ist wie bei der Fahrt über den Berg: Die Straße windet sich in endlosen Kurven nach oben, so kommt auch der schwerste Laster oben an, direkt hätte es keiner geschafft.

Dass man mit einer schiefen Ebene ohne Kran, Räder und Motoren gewaltige Bauwerke errichten kann, haben die Ägypter gezeigt – vor 5.000 Jahren. Auf riesigen Rampen haben sie die schweren Steine nach oben gezogen. Damit sie besser rutschen, hat einer Wasser in die Bahn gegossen. Bis jemand auf die Idee mit den Rollen kam …

Mit den Rollen geht's leichter: Schwere Steinblöcke gleiten fast wie von selbst über den Boden. Aus den Rollen wurden Räder und Kugeln: Die sind heute noch da. In den Autos und in den Kugellagern.

Mit einer Rolle wird die Kraft umgelenkt: Man kann sich also ordentlich reinhängen. Mit einer Garnrolle, etwas Draht und einem Haken kannst du deinen Eimer samt Hase und Giraffe in die Höhe ziehen. Probier es aus!

Bau dir dein eigenes Kugellager: Nimm einen großen Deckel oder einen flachen Teller, und leg ihn auf deine Murmeln, je mehr da sind, desto besser. Deckel oder Teller gleiten wie Raumschiffe im Weltraum schwerelos über den Teppichboden, da können auch die Lieblings-Astronauten mitschwirren.

Ist der Eimer zu schwer, weil zum Beispiel der Elefant und der Bär drinsitzen, brauchst du mehrere Rollen, zusammen ergibt das einen Flaschenzug: Eine Rolle (die grüne) hängt fest am Haken, die andere (blaue) liegt lose zwischen der Rolle und einem anderen Haken, an dieser Rolle hängen die Schwergewichter Elefant und Bär. Jetzt schaffst du, was vorher nicht klappte: Du kannst die beiden Brocken nach oben hieven. Du musst zwar länger ziehen, aber es geht alles viel leichter, wie beim Hebel: kurzer Weg – viel Kraft, langer Weg – wenig Kraft. Beides zusammengenommen ist immer dieselbe Arbeit*, aber man schafft nicht immer dasselbe. Das ist Technik.

Schwerkraft

Alles fällt immer runter. Warum? Das weiß man letztlich nicht. Aber man merkt's ja. Dass alles erstmal nach unten fällt, liegt an der Erde, der Kraft der Erde: der Schwerkraft. Alle Dinge ziehen sich gegenseitig an. Und weil die Erde nun mal das wirklich allergrößte Teil in der Umgebung hier ist, fällt alles auf den Boden, Richtung Erdmittelpunkt.

Wenn ein Ballon in die Höhe steigt, so stimmt das trotzdem, weil auch die Luft Richtung Erde drängt, die normale Luft aber schwerer ist als die im Ballon, die schwere drängt zum Boden und treibt damit zum Beispiel die leichte im Ballon und damit den Ballon nach oben. Man nennt das – wie bei den Schiffen – den Auftrieb.

Die Erde selber wird von der Sonne angezogen, die viel, viel größer als die Erde ist. Weil die Erde aber einen ordentlichen Schwung hat, knallt sie nicht auf die Sonne, sondern saust mit 8.000 Kilometern in der Stunde einmal pro Jahr um die Sonne.

Draußen im Weltall gelten dieselben Regeln wie auf der Erde. Weil es im Weltall aber anders ist als auf der Erde, geht einiges eben auch anders.

Wissenschaftler sind ja auch sehr genau; sie sagen nicht: „Bitte ein Kilogramm Äpfel", sondern „bitte zehn Newton". Das Gewicht wird nämlich in Newton gemessen, der Apfel wiegt durch die Erdanziehung, die Schwerkraft. Wie stark sie ist, kann man mit einer Federwaage oder an einem Gummiband messen. Steig in eine Rakete und fahr zum Mond: Seine Anziehung hat nur einen Bruchteil von der auf der Erde, genauer: den sechsten Teil. Feder oder Gummi spannen sich viel weniger, und

Astronauten hüpfen wie Kängurus auf der Mondoberfläche rum. In Kilogramm wird die Masse* gewogen – wie der Wissenschaftler sagt. Also stimmt das mit den Kilogramm doch wieder: Man will ja keine Erdanziehungskraft essen, sondern eine Masse Äpfel. Die Masse ist auf dem Mond und auf der Erde gleich, sie wird mit anderen Massestücken, zum Beispiel Eisengewichtsstücken, auf der Waage verglichen und in (Kilo-) Gramm, Pfund und Zentnern ausgedrückt. Guten Appetit!

Die Schwerkraft zieht den Apfel nach unten und spannt das Gummiband. Erdanziehungskraft wird so zu Spannkraft.

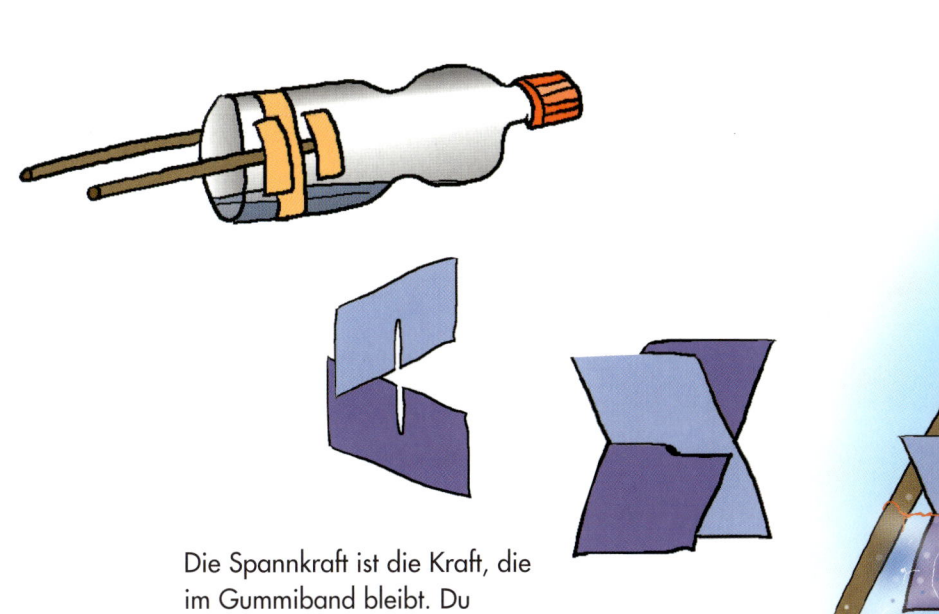

Mit Schwung kannst du die Erdanziehungskraft austricksen. Dreh den Wassereimer schnell um die Schulter: Kein Tropfen macht dich nass!

Die Spannkraft ist die Kraft, die im Gummiband bleibt. Du kannst mit ihr Schiffe antreiben, zum Beispiel einen Flaschen-Raddampfer. Kleb zwei Stöcke hinten an eine PET-Flasche und bau dir aus Milchtüten-karton ein Schaufelrad. Das musst du in ein Gummiband legen und beides über die Stangen ziehen, die mit einem kurzen Querholz auseinander gespreizt werden. Das Schaufel-rad gegen die Fahrtrichtung aufziehen und im Wasser los-lassen, ab geht die Post.

Die Spannung im Gummiband bewegt das Schiff so wie die aufgezogene Feder den Käfer: Die Arbeit wird gespeichert und geht von einer Form in eine andere, von der Spannung in die Bewegung, sie geht nicht verloren.

Die Schwerkraft zieht die Dinge nach unten. Bis auf das Stehaufmännchen, das stellt sich immer wieder auf. Warum? Das siehst du, wenn du dir eins baust. Drück Knete unten in eine leere halbe Eierschale und setz oben ein Hütchen drauf. So jemand lässt sich nicht unterkriegen!

Alle Kräfte wirken in eine Richtung, auch beim Karussell. Sind mehrere Kräfte im Spiel, wird man es sehen. Dreht sich das Karussell schnell, zieht die Fliehkraft* die Sitze nach außen und oben – da sind sie am weitesten weg. Je langsamer es sich dreht, desto stärker wirkt die Schwer-kraft: Die Sitze sacken nach unten, und du musst für eine weitere Fahrt neu zahlen.

Fliegen

Auch die Luft hat Kraft, manchmal sogar verheerende: Da reißen Tornados Bäume aus und wirbeln Autos durch die Gegend. Wenn sich der Sturm legt, ist alles normal: Die Luft ist still, und man merkt gar nicht, dass es sie gibt. Nur dein Atem bewegt die winzigen kleinen Luftteilchen und schickt die kleinen Fallschirme der Pusteblume auf Reisen.

Lange, bevor der Flug der Blumensamen und Vögel Vorbild für die ersten Flugzeuge war, hatten im fernen China Drachen den Himmel erobert: Flugdrachen aus Papier und Seide, mit wilden Fratzen bemalt, wirbeln im Wind, wiegen sich, zerren an der Leine, lassen die Menschen und Raben staunen. Das kannst du auch: Obwohl die Luft keine Balken hat, trägt sie doch Zeppeline, Flugzeuge, Paraglider und Ballons. Fang an! Es gibt zwei Wege, auf denen du die Kraft der Luft benutzen kannst: Bewegung und leichte Luft. Warme Luft ist leicht und steigt – wie Helium* (ein leichtes Gas) – nach oben. Wer keine leichte Luft hat, braucht Kraft, damit die Luft unter dem Flügel wegsaust. Kraft und Geschick im Umgang mit der Luft, das ist Aerodynamik.

Die Aerodynamik erklärt die Bewegungen gasförmiger Körper. Wenn also deine Mütze wegfliegt, ist das ein kleines Stück Aerodynamik: Der Wind bläst sie weg, er ist bewegte Luft, ein gasförmiger Körper!

Den Fallschirm kannst du dir aus einem quadratischen Stück Papier basteln, am besten Seidenpapier, zur Not auch einer Serviette. Bind die Fäden zusammen und häng eine kleine Figur dran: Sie darf nicht zu leicht und nicht zu schwer sein.

Das älteste aerodynamische Fahrzeug ist das Segelboot. Knack eine Walnuss so, dass eine Hälfte ganz bleibt. Das ist der Schiffsrumpf. In den kommt Knete, dann wird der Zahnstochermast reingesteckt. Experimentiere mit verschiedenen Segelformen.

Für das Windrad musst du ein quadratisches Papier wie oben einschneiden, also nur ein Stück weit. Vier Spitzen bleiben, die anderen werden umgebogen, und wo sie in der Mitte zusammengeklebt werden, wird eine Stecknadel durchgestochen. Mit einem Plastikröhrchen das Rad auf Abstand halten.

38

① ② ③ ④ ⑤ ⑥

Papiersegler tricksen die Schwerkraft aus, zumindest eine Zeit lang. Dann landen sie hinterm Schrank.

⑦

80 cm

90 cm

Beim Drachen musst du sorgfältig arbeiten. Bind das Kreuz mit den Maßen wie oben fest, dann verbinde die Enden, und verkleb den Endknoten und alle Bindungen. Spann das Drachenpapier über, und befestige den Schwanz, er macht den Drachen stabiler.

Für die Waage ziehst du einen Getränkedosen-Ring auf die Schnur. Daran wird die lange Drachenschnur geknüpft. Augen machen den Drachen wild. Pass beim Steigenlassen auf Strommasten, Straßen und Spaziergänger auf. Und auf die anderen Flugzeuge.

Der Heißluftballon steigt am besten im Winter, dann ist der Temperaturunterschied zwischen Ballon und Außenluft am größten. Bau einen Papierkasten aus Seidenpapier: 50 cm hoch, 15 cm breit. Stabiler wird er mit einer Schnur in dem unteren Falz.

ufgepasst!
Zum Erwärmen der Luft ist ein Campingkocher sehr gut geeignet. Pass auf, dass die Ballonfahrt niemanden gefährdet!

Wärme

Die Menschen brauchen Wärme, die alten Leute brauchen sie, die ganz kleinen Babys brauchen ein Wärmebett, und die zwischendrin sollen auch nicht frösteln. Der Körper braucht Wärme, damit er selber warm bleibt. Das Leben braucht Wärme, braucht Energie, ist selber Energie. Und wo kommt sie her? Natürlich von der Sonne.

Damit lässt's sich schön leben: die Räume heizen, das Essen kochen und sogar ins Grüne fahren – auch ohne Solarzellen*. Die Natur tankt nämlich von sich aus Sonnenenergie, sie speichert die Kraft der Sonne im Holz, in den Pflanzen, im heißen Sand, sogar im Wasser, das in der Wärme verdunstet, mit den Wolken in die Berge getragen wird, runterregnet und als Bachlauf ein Mühlrad antreibt.

So geht die Energie nie verloren, obwohl jede Menge Kraftstoff und Wärme ungenutzt den Bach runtergehen. Es ist halt ein Unterschied, ob die Energie irgendwie noch da ist, oder ob sie auch genutzt werden kann, manchmal hilft auch ein Trick: Bei den elektrischen Lokomotiven wird die Wärme, die beim Bremsen entsteht, in elektrischen Strom verwandelt. Das ist praktisch und hilft sparen.

aufgepasst!

Schwarze Gegenstände nehmen mehr Wärme auf als weiße, schwarze geben aber ihre Wärme schneller wieder ab. Leg ein weißes Stück Papier und einen schwarzen (Foto-) Karton in die Sonne, und fühl mit der Hand den Unterschied.

In eine Schale kommt sehr kaltes Wasser, in eine weitere sehr, sehr warmes (aber verbrüh dich nicht!), in die dritte kommt lauwarmes Wasser. Leg eine Hand ins heiße und eine ins kalte Wasser und dann beide ins lauwarme Wasser:

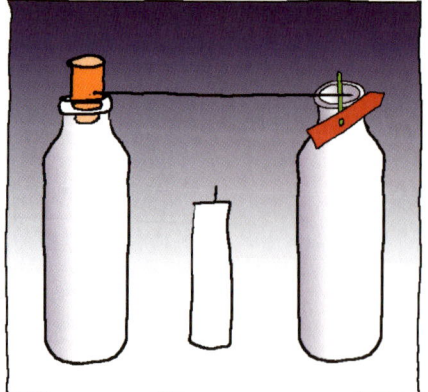

Komisch: Dieselbe Temperatur wirkt einmal kalt und einmal warm. Man kann eben Temperaturen nicht sicher erfühlen. Deshalb gibt es Thermometer. Sie arbeiten mit der Wärmeausdehnung. Oben steckt eine (Metall-) Stricknadel an einem Ende in einem Korken, am anderen liegt sie auf einem Holzstäbchen, das in den roten Papierzeiger gepiekt ist. Wenn die Nadel erwärmt wird, dehnt sie sich aus und dreht das Hölzchen mit dem Zeiger, er zeigt den Temperaturwechsel an. Normal arbeiten Temperaturanzeiger, also Thermometer, nicht mit Stricknadeln, sondern mit Flüssigkeiten: Quecksilber oder Alkohol. Sie zeigen die Unterschiede sehr viel genauer an.

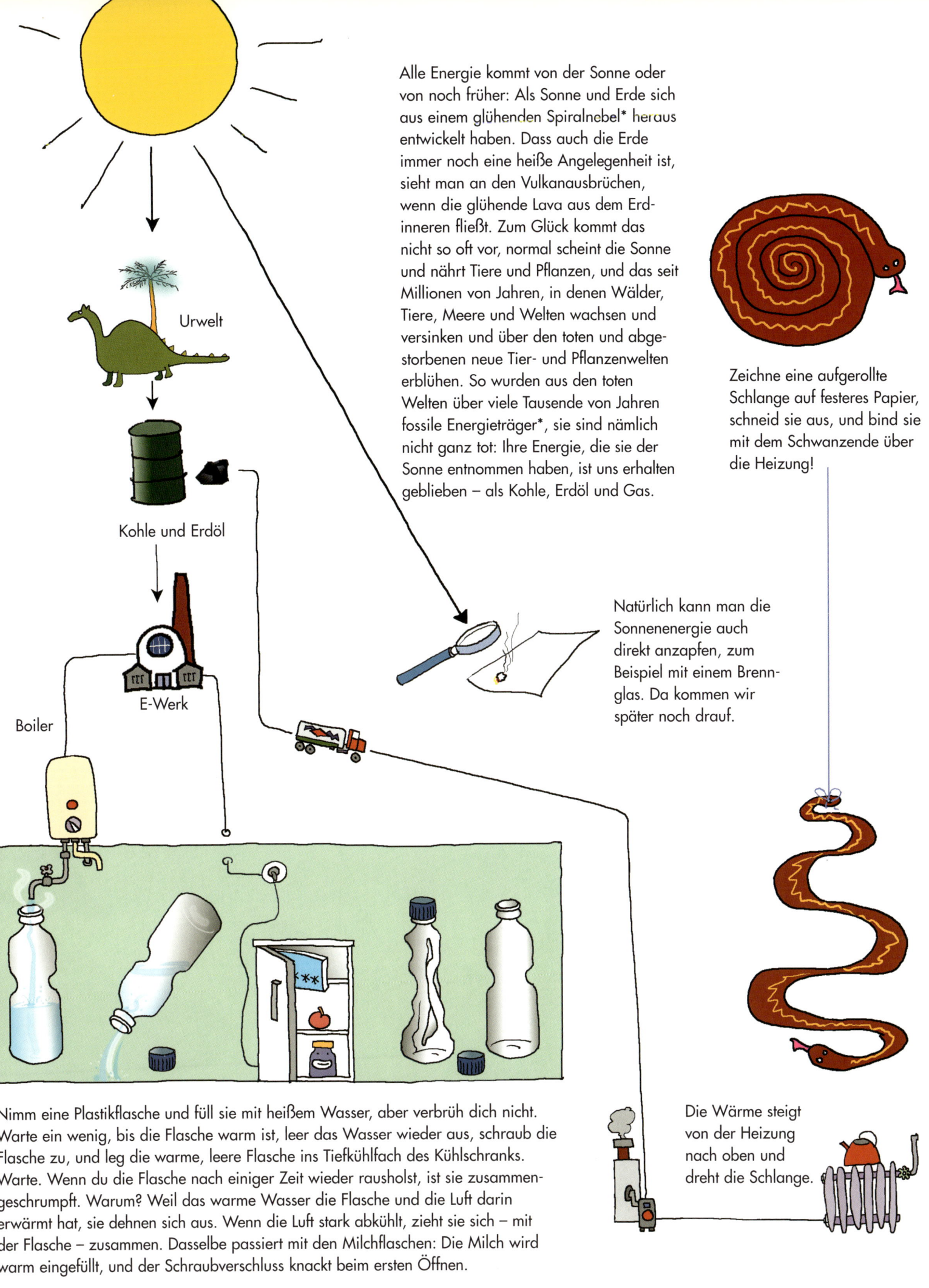

Alle Energie kommt von der Sonne oder von noch früher: Als Sonne und Erde sich aus einem glühenden Spiralnebel* heraus entwickelt haben. Dass auch die Erde immer noch eine heiße Angelegenheit ist, sieht man an den Vulkanausbrüchen, wenn die glühende Lava aus dem Erdinneren fließt. Zum Glück kommt das nicht so oft vor, normal scheint die Sonne und nährt Tiere und Pflanzen, und das seit Millionen von Jahren, in denen Wälder, Tiere, Meere und Welten wachsen und versinken und über den toten und abgestorbenen neue Tier- und Pflanzenwelten erblühen. So wurden aus den toten Welten über viele Tausende von Jahren fossile Energieträger*, sie sind nämlich nicht ganz tot: Ihre Energie, die sie der Sonne entnommen haben, ist uns erhalten geblieben – als Kohle, Erdöl und Gas.

Zeichne eine aufgerollte Schlange auf festeres Papier, schneid sie aus, und bind sie mit dem Schwanzende über die Heizung!

Urwelt

Kohle und Erdöl

E-Werk

Boiler

Natürlich kann man die Sonnenenergie auch direkt anzapfen, zum Beispiel mit einem Brennglas. Da kommen wir später noch drauf.

Die Wärme steigt von der Heizung nach oben und dreht die Schlange.

Nimm eine Plastikflasche und füll sie mit heißem Wasser, aber verbrüh dich nicht. Warte ein wenig, bis die Flasche warm ist, leer das Wasser wieder aus, schraub die Flasche zu, und leg die warme, leere Flasche ins Tiefkühlfach des Kühlschranks. Warte. Wenn du die Flasche nach einiger Zeit wieder rausholst, ist sie zusammengeschrumpft. Warum? Weil das warme Wasser die Flasche und die Luft darin erwärmt hat, sie dehnen sich aus. Wenn die Luft stark abkühlt, zieht sie sich – mit der Flasche – zusammen. Dasselbe passiert mit den Milchflaschen: Die Milch wird warm eingefüllt, und der Schraubverschluss knackt beim ersten Öffnen.

Magnet

Kraft sieht man nicht, höchstens, was sie anrichtet, und wo sie herkommt: aus Muskeln zum Beispiel oder Motoren. Und manchmal sieht man auch das nicht; wer erwartet schon in einem Stück Eisen, das aussieht wie hundert andere, eine Kraft? Und doch gibt es sie, es ist die magnetische Kraft. Sie wirkt auch auf die Ferne, durch Papier, Glas oder Wasser hindurch, und zieht Eisen an und ein paar andere Metalle, sonst nichts: kein Holz, kein Plastik, kein Gras, kein Omelett.

Berührt man mit einem Magnet ein Stück Eisen, wird dieses auch magnetisch, solange Eisen und Magnet zusammenkleben; zieht man beides auseinander, verliert das Eisenstück allmählich seine magnetische Ladung. Soll die magnetische Ladung erhalten bleiben, muss man das Eisen einige Male über das Ende des Magneten streichen, dort ist die Anziehungskraft am stärksten. Aber die Kraft, die Nagel und Magnet zusammenführt, ist launisch: Einmal ziehen sich die beiden Metalle an, ein anderes Mal stoßen sie sich sogar ab, warum? Weil die magnetische Ladung eine Richtung hat – von einem Ende zum anderen. Das sind die Pole: der Nord- und der Südpol. Das kennen wir von der Erde, sie ist ein riesiger Magnet.

Die ganze Erde ist magnetisch. Wahrscheinlich finden die Zugvögel so ihren Weg in den Süden und zurück. Brieftauben jedenfalls finden aus einem starken Magnetfeld heraus nicht mehr heim.

immer!!

Magnetisch steckt an. Wer mit einem Eisenstück, zum Beispiel einer Nadel, auf einem Magneten reibt, und zwar – das ist wichtig! – immer in einer Richtung, der macht auch die Nadel magnetisch. Die Nadel kann man durch eine kleine Korkscheibe stechen, und gleich ist der Kompass fertig.

Der Kork lässt die Nadel schwimmen, sie treibt widerstandslos im Wasser und richtet sich nach Norden aus – oder Süden, auf alle Fälle nach dem Magnetfeld der Erde. So konnten die Seeleute die Weltmeere durchkreuzen und mit dem Stand von Sonne und Sternen ihre Position* bestimmen.

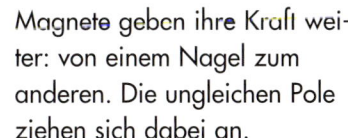

Magnete geben ihre Kraft weiter: von einem Nagel zum anderen. Die ungleichen Pole ziehen sich dabei an.

Angler sind stolz auf ihren Fischfang! Das Papier in der Hälfte falten, die Fischform einmal zeichnen, bemalen und dann ausschneiden, Nagel drauflegen und zusammenkleben, fertig ist der Fisch! Die Fische kommen ins Aquarium, aber keiner weiß, wohin genau.

Kleine Boote aus Kork oder Holz schneiden, unten einen Reißnagel reindrücken, von oben einen Zahnstocher mit Fahne. Einen Knopfmagneten an eine Holzstange kleben. Plastikwanne auf alte Bücher stellen und die Schiffe durchs Wasser führen. Felsen ins Wasser legen, das fordert echte Steuerleute! Wer ist zuerst am Ziel?

Schauspieler mit eiserner Disziplin

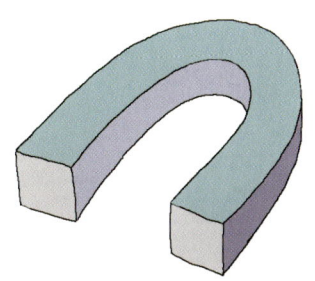

Ein guter Fang kommt nur mit Geduld an den Haken. Der Karton für das Aquarium wird sehr schön bemalt, die Magnete werden als Köder an der Angel festgebunden. Goldfisch gibt 2, Rochen 10 und Katzenhai 12 Punkte. Wer den alten Stiefel angelt, muss 5 Punkte abgeben. Pech.

Kleines Zaubertheater im Karton: In die Öffnung des Kartons Vorhänge aus Papier kleben. Die Figuren ausschneiden, hinten einen Nagel aufkleben und dann dramatische Ereignisse mit unsichtbaren Magneten und schwebenden Menschen aufführen. Applaus.

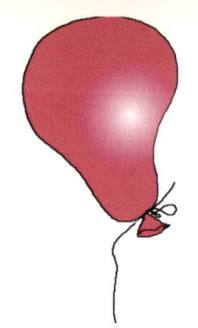

Strom

ELEKTRIZITÄT

Strom – der elektrische Strom – kommt aus dem Kraftwerk. Dort gibt es bereits die Kraft; im Wasserkraftwerk zum Beispiel als den Druck des Wassers, der mit den Turbinen (das sind raffinierte Mühlräder) die Generatoren* treibt. Die erzeugen den Strom, und zwar genauso wie du das auf deinem Fahrrad mit dem Licht machst: Du steigst in die Pedale, und das kleine Dynamo-Gummirädchen dreht ein Eisenstück. Es ist mit Draht umwickelt und liegt zwischen den Polen eines Hufeisenmagneten – Licht an!

Aber was ist Strom? Eine Form der Energie, so gibt es Energie eben. Und was ist das Besondere? Zumindest ist sie sehr praktisch: kommt überallhin und braucht bloß ein Kabel, ist nicht schmutzig wie ein Kohleofen und auch nicht gefährlich, obwohl: Aufpassen muss man schon, und wenn die Energie frei rumsaust wie ein Blitz bei Gewitter, sollte man schon ein sicheres Plätzchen aufsuchen. Ganz praktisch ist der Strom aus der Batterie, den kann man wirklich überallhin tragen, und mit dem machen wir ein paar Versuche. Die sind nicht gefährlich, der Strom aus der Steckdose funktioniert zwar auch so, aber da lassen wir die Finger von.

Ist der geladen! Reib einen aufgeblasenen Luftballon mit einem Wolltuch: Er bleibt an der Decke kleben. Oder kleine Papierschnitzel-chen kleben an ihm.

Strom und Magnetismus* haben vieles gemeinsam. Wie der Strom magnetisch wirkt, kannst du mit einem Kompass, einer Batterie und etwas Klingeldraht ausprobieren: Verbinde ein Ende des Drahtes mit einem der Batteriepole. Wenn du den Draht auf den Kompass legst und mit dem freien Ende den anderen Pol der Batterie berührst, zeigt die Nadel nicht mehr einfach nach Norden, sondern stellt sich quer zum Kabel.

Strom fließt. Aber es gibt ihn nicht als Ding. Strom ist Ladung, die fließt. In einem Plastiklineal fließt kein Strom, und die Ladung bleibt erhalten. Reib ein Lineal an deiner Wollmütze und halt es dann an einen sanften Wasserstrahl: Er bekommt eine kleine Delle. Ladung steckt an!

Wie du mit Steckdosen und Lichtschaltern umgehen sollst, das sagen dir deine Eltern. Stromversuche jedenfalls machen wir mit dem Strom aus Batterien und mit nichts anderem!

hell und dunkel!!

Im Stromkreis fließt die Elektrizität von der Stromquelle zum Gerät, das kann alles Mögliche sein, und ist hier die Glühbirne. Dann geht's wieder zurück zur Quelle – oben ist es die Batterie. Mit dem Schalter wird der Stromkreis geschlossen. Das ist praktisch, hier ist es eine Büroklammer an einem Reißnagel, die zum Anschalten unter den anderen Nagel geklemmt wird, so gibt es Licht. Wird der Stromkreis am Schalter unterbrochen, gibt's kein Licht. Um so einen Stromkreis zu bauen, haben die Fachleute eine Zeichensprache geschaffen, in der das dann so aussieht:

Leitung

Batterie

Glühbirne

Schalter

Das ist fast ein Elektromotor: Wickel normalen Klingeldraht um den ungefähr zwei Zentimeter breiten Ring einer Pappröhre, die ungefähr fünf Zentimeter Durchmesser hat. Schön dicht und mindestens 20 Mal rumwickeln, mit Klebeband die Enden fixieren. Zieh einen Faden durch den Ring und häng eine Nähnadel waagerecht in die Mitte des Rings dran. Die Spule auf eine feste Platte kleben. Wenn du beide Enden an den Stromkreis schließt, zappelt die Nadel heftig – der Anfang des Elektromotors.

Wer mit Strom hantiert, braucht Geduld und eine ruhige Hand. Einen Metall-Kleiderbügel aus der Reinigung kann man da als Übungsteil hernehmen. Du drehst ihn mit einer Zange auf, biegst etliche Kurven rein und schneidest ihn so ab, dass er gerade mal in den Deckel einer Schuhschachtel reingeklemmt werden kann. Vorher schließt du das eine Ende an eine Batterie und steckst an das andere einen Metallring oder großen Schlüssel. Dann führst du den Stromkreis wie oben zu Ende. Wer ein ruhiges Händchen hat, kann den Schlüssel zum anderen Ende führen, ohne dass Licht aufleuchtet. Wer nicht, hat verloren.

hell und dunkel

Licht
Optik
Astronomie

Strahlen

Nachts, wenn man aufwacht, ist es still und dunkel. Gelegentlich wirft der Mond sein fahles Licht ins Zimmer und zeichnet das Fenster als helles Viereck auf den Boden. Sonst ist nichts zu sehen: Kein Schrank, kein Teddy, die Hausschuhe sind weg, die Buntstifte, der Tisch, die Wände. Nichts mehr da, nur die Bettdecke ist noch schön warm.

Wo ist der Rest? Natürlich steht alles noch auf seinem rechten Platz oder liegt unordentlich rum. Gleichzeitig ist es für uns nicht mehr da – weil wir es nicht sehen. Die stumme Welt der Dinge wird erst mit dem Licht ein Teil von uns. Wir gucken – und wir wissen Bescheid, haben den Über-,blick', den Durch-,blick'. Ohne das Licht kann nichts sein – oder nur sehr wenig: „Am Anfang war alles wüst und leer", so steht es in der Bibel, und dann: „Es werde Licht!" Und dann ward es Licht und ein Anfang gemacht.

So haben schon die Menschen vor Tausenden von Jahren gedacht und es geahnt: Ohne Licht können sie nicht sein, sie brauchen das Licht. Und wenn sie es haben – dann strahlen sie.

Merkwürdig: Das Licht selber ist gar nicht sichtbar! Im Bild oben hat Marcel die Taschenlampe an, die Glühbirne und der helle Metalltrichter sind gerade nicht zu sehen und der Lichtschein fällt ins Nebenzimmer. So bleibt der Strahl der Lampe unsichtbar.

Erst wenn ein staubiger Lappen im Lichtstrahl geschüttelt wird, sieht man das Licht, oder genauer: die beleuchteten Staubflocken. Das Licht fällt auf die Dinge und beleuchtet sie, es wird zurückgelenkt, es strahlt zurück. Aber nicht (nur) genau zurück, sondern überallhin: Der Staub ist von überall zu sehen. Wie die Glut der Zigarette und alle anderen Lichtquellen: Die sieht man immer!

Auch im Spiegel wird das Licht zurückgelenkt: Du siehst auf den Spiegel, und der schaut dich an. Wenn hinter dir wieder ein Spiegel ist, der ganz genau so ausgerichtet ist wie der vor dir, dann geht das endlos weiter, und du siehst dich (fast) unendlich oft.

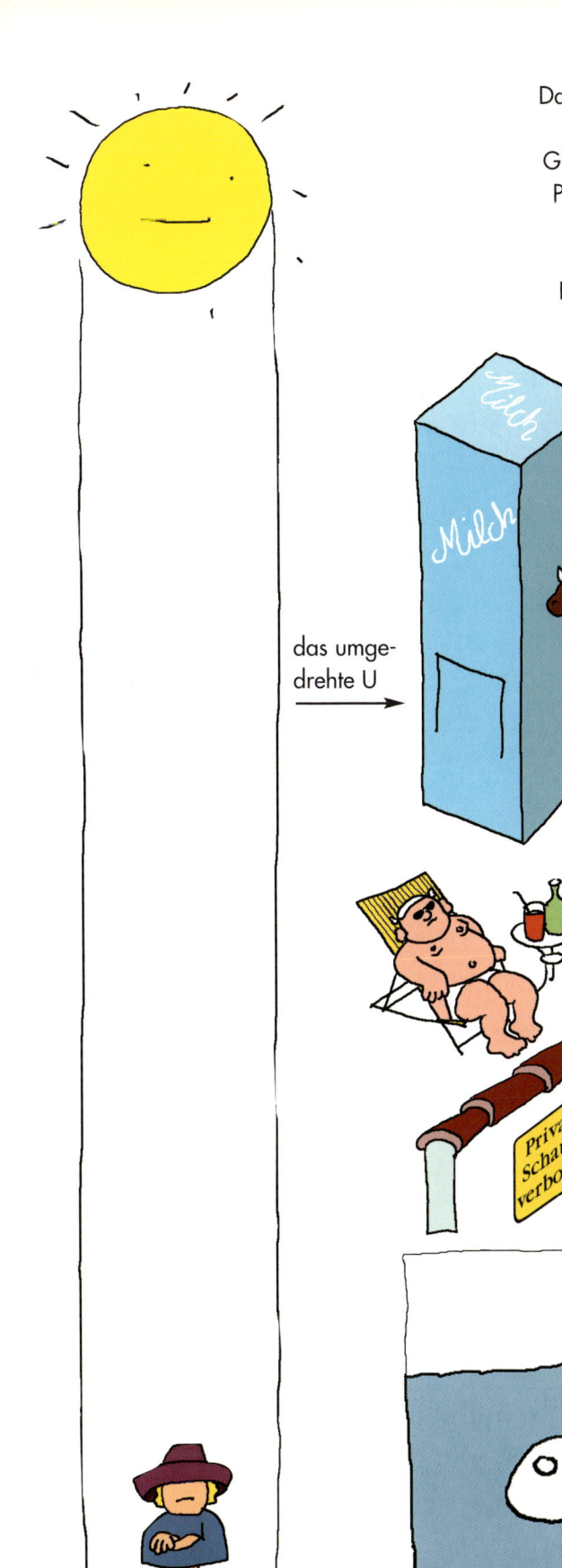

Das Licht wird nicht von allen Dingen zurückgeworfen, durch manche geht es durch, zum Beispiel durch Glas. Oder durch dünnes Papier. Schwarzes, dickes Papier lässt das Licht nicht durch. So kannst du dir ein schönes, buntes Glasfenster selber bauen: Schneid dir die Flächen für das bunte Lampion-Papier aus einem schwarzen Karton aus, und kleb das bunte Papier auf die übrig gebliebenen Stege. Superschön!

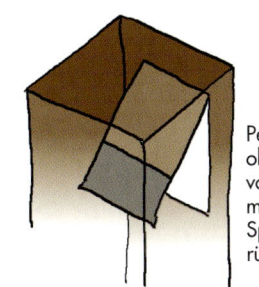

das umge-drehte U →

Periskop-oberteil von innen mit (grauer) Spiegel-rückseite

In das untere und obere Ende des Kartons ein umgedrehtes U schneiden, die eingeschnittene Fläche nach innen klappen, je einen Spiegel aufkleben und im 45°-Winkel fixieren.

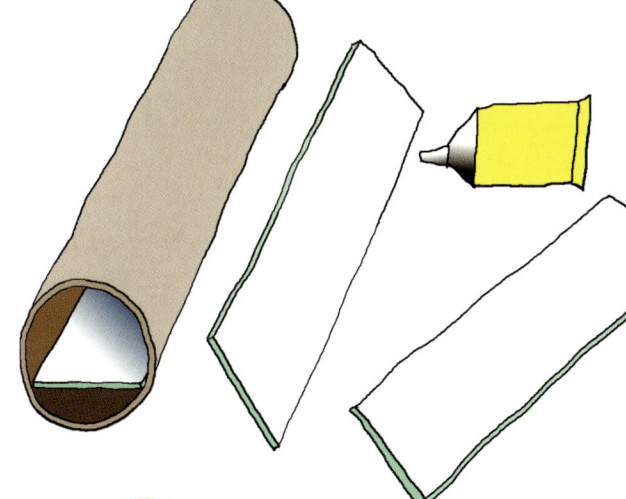

Die Streifen im Dreieck in die Röhre kleben, dann sieht man schon den ganzen Zauber. Die Perlen zwischen der Fensterglasscheibe innen und der Milchglasscheibe außen geben den Rest.

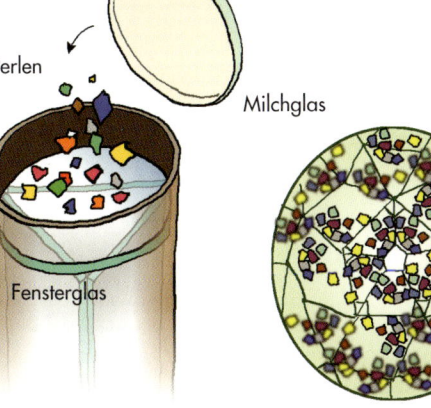

Perlen

Milchglas

Fensterglas

Unsere große dicke Lichtquelle ist die Sonne. Sie ist weit weg, aber riesengroß. Deshalb fallen alle Sonnenstrahlen parallel!* auf die Erde, das heißt: Sie haben immer denselben Abstand, gehen weder zusammen noch auseinander.

Mit einem Periskop* geht's um die Ecke. Du brauchst zwei kleine Spiegel und klebst sie wie oben parallel in einen schmalen (Milch-) Karton. Setzt man die Spiegel in ein (Eisen-) Rohr, hat man schon das wichtigste U-Boot-Teil.

Das Kaleidoskop ist Lichtzauber pur. Ein Kaleidoskop kann man kaufen oder mit drei Spiegelstreifen und einer Pappröhre selber bauen. Vorteil dabei: Man weiß, wie die Dinger wirklich funktionieren! Wer vor die Spiegel zwei Glasscheiben setzt und dazwischen bunte Glasperlen legt, hat endloses Diamantenhimmelkino.

Schatten

Wo viel Licht ist, da ist auch viel Schatten. Sagt man. Und meint damit die Berühmten und Erfolgreichen, die also ‚im Licht stehen', die sich aber auch gerne mal eine kleine Gaunerei erlauben – das ist dann ‚der Schatten'. Andererseits sind die Menschen, die ‚im Schatten stehen' arm dran, denn sie haben nicht viel. So drückt die Sprache in ihren Bildern aus, worauf es ankommt, und wählt die Vorbilder aus der Natur, und die arbeitet nach einfachen, immer gültig scheinenden Regeln, zum Beispiel: Was nicht durchsichtig ist, wirft einen Schatten.

Der größte Schatten auf der Erde ist der von ihr selber: die Nacht. Die Sonne kann die Erdkugel, die sich um sie und sich selber dreht, nur von einer Seite beleuchten, die andere Hälfte ist im Schatten, da kommt selbst der Mond nicht gegen an. Und auch auf der Sonnenseite liegen Schein und Schatten nah beieinander, und das ist gut so: Wolken, Bäume, Berge und Blätter schützen das Leben, zu viel Sonne ist auch nicht gut, man braucht nicht in die Wüste zu fahren, um zu merken: Schatten kann eine feine Sache sein. Zum Beispiel an einem heißen Ferientag im August.

Je weiter die Sonne sich dem Horizont* zuneigt, desto länger werden die Schatten: Weil die Lichtstrahlen gerade sind, schnurgerade.

Schattenspiele sind so alt, dass keiner mehr weiß, seit wann. Es gibt alte Puppen aus Ostasien und aus der Stummfilmzeit. Du kannst dir deine Figuren aus Karton ausschneiden, und dann befestigst du sie an einem Schaschlik-Spieß. Gespielt wird vor einem Betttuch, auf das ein Diaprojektor strahlt; das Betttuch schön in einen Türrahmen spannen.

So kannst du auch persönliche Auftritte gestalten. Wenn du nahe an das Betttuch drangehst, wird dein Schatten scharf und nicht viel größer als du selber. Je weiter du von der Bildfläche weggehst, desto ungeheuerlicher groß wirst du und desto ängstlicher dein Publikum. Schauderhaft!

50

Streuendes Licht – etwa bei Bewölkung – gibt einen flauen Schatten mit weichen Kanten, eine punktförmige Lichtquelle, wie die Sonne oder eine Glühbirne, macht einen Schatten mit scharfen Kanten.

Zwei punktförmige Lichtquellen geben zweimal Schatten. Wo kein Licht hinfällt, entsteht ein Kernschatten, der restliche Schatten wird immer auch ein wenig von der zweiten Lampe aufgehellt: Es ist der Halbschatten.

Das Spiel von Licht und Schatten gibt den Tieren Schutz: So können sie sich tarnen.

Eine Platte, ein Stock und die Sonne: Das ist die einfachste Uhr, die Sonnenuhr. Mal immer zur vollen Stunde den Schatten des Stocks auf die Platte und schreib die Uhrzeit dazu. Am Ende des Tages kannst du die ganze Sonnenuhr mit der Stundeneinteilung schön bemalen.

Wie auf dem Leopardenfell zeichnen die Sonnenstrahlen kleine Flecken durch das Laub in den Schatten.

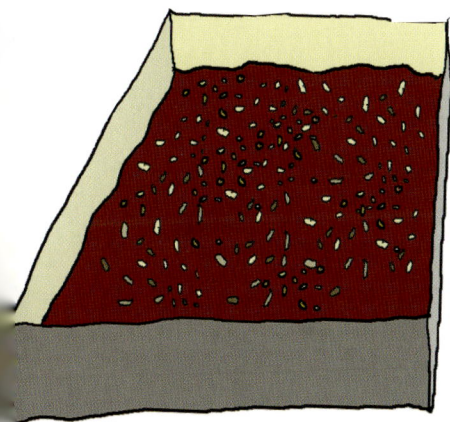

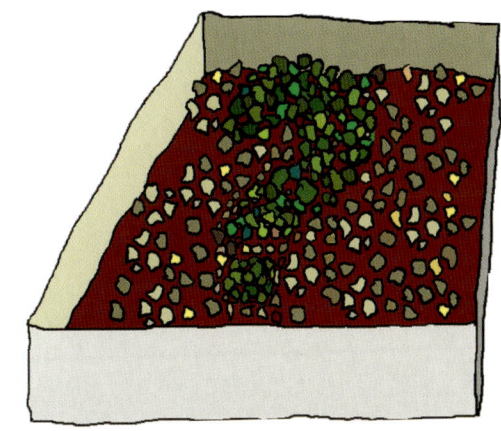

Nimm eine große Schale, füll sie zur Hälfte mit Blumenerde, säe Kressesamen aus und stell das Ganze an einen sonnigen Ort, zum Beispiel aufs Fensterbrett. Gieß ein wenig und warte, bis die Samen keimen.

Schneid in einen Karton, der die Schale gut abdeckt, ein einfaches Muster, und leg das Blatt auf die Schale. Warte zwei Wochen, und gieß die Anpflanzung wieder ein wenig.

Dann nimm den Deckel ab: Im Schatten sind die Pflanzen nur kümmerlich gewachsen, sie sind bleich, weil sie kein Licht bekommen haben. Die Pflanzen im Licht haben die Sonnenkraft getankt.

Brechung

Schnurstracks verlaufen die Lichtstrahlen und enden im Nirgendwo, machen Halt vor Mauern, dicken Elefanten und allem, was nicht gerade durchsichtig ist, lassen sich also von Glas, Wasser oder purer Luft nicht sonderlich beeindrucken – da geht das Licht einfach durch. Nur an der Kante, da, wo sich Glas und Wasser oder Luft berühren, kann man sonderbare Dinge beobachten: Plötzlich kommt Farbe ins Spiel, und das Licht zeigt seinen wahren Charakter.

Licht ist nicht einfach Licht, ein farbloses, durchsichtiges Etwas. Es besteht aus vielen Farben, reine Farben, in die sich das Licht an den Grenzen von Glas, Wasser und Luft bricht. Dort knickt der Strahl, das Licht fächert sich auf in seine einzelnen Bestandteile: Rot, Orange, Gelb, Grün, Blau, Violett und alle Abstufungen dazwischen, ein weicher Farbklang ohne Abgrenzungen, das Spektrum* mit seinen Farben, den Spektralfarben*.

Für dieses Farbspiel muss das Glas schon eine ganz bestimmte Form haben, am besten ein Prisma*. Dass das gefächerte Licht aber noch mehr als bunte Farben zeigen kann, wird sich zeigen.

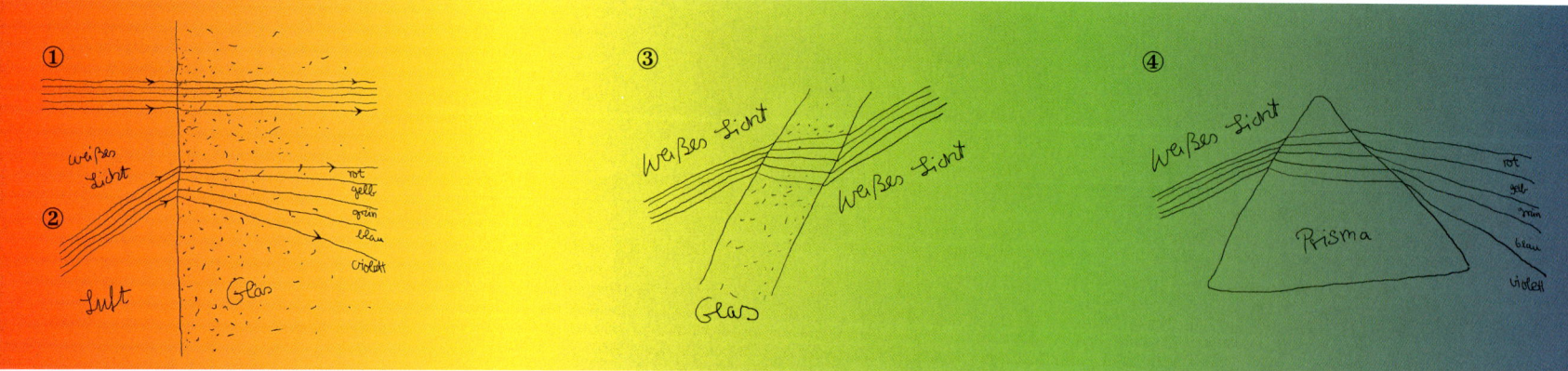

Wenn Licht senkrecht auf eine Glas- oder Wasserfläche fällt, passiert gar nichts, es bleibt, wie es ist (1). Wenn es aber schräg auf so eine Oberfläche fällt, wird der Strahl abgeknickt und aufgedröselt, er wird in seine Bestandteile zerlegt, und die sind bunt, von Rot bis Violett (2).

Am wenigsten wird das Rot gebrochen, am meisten das Violett, dazwischen sind alle Farbabstufungen von Gelb zu Blau. Natürlich geht das Licht auch wieder raus aus dem Glas. Bei einer normalen Glasscheibe ist nicht viel los: Das Licht wird wieder zurückgebrochen und

tritt als weißes Licht seinen Gang an durch die Welt (3). Beim Prisma ist das anders. Das Licht wird noch weiter zerpflückt und in seine Einzelteile zerlegt, es sieht ganz anders aus, als wir es sonst so kennen: eben farbenfroh, wie das Spektrum hier von links nach rechts (4).

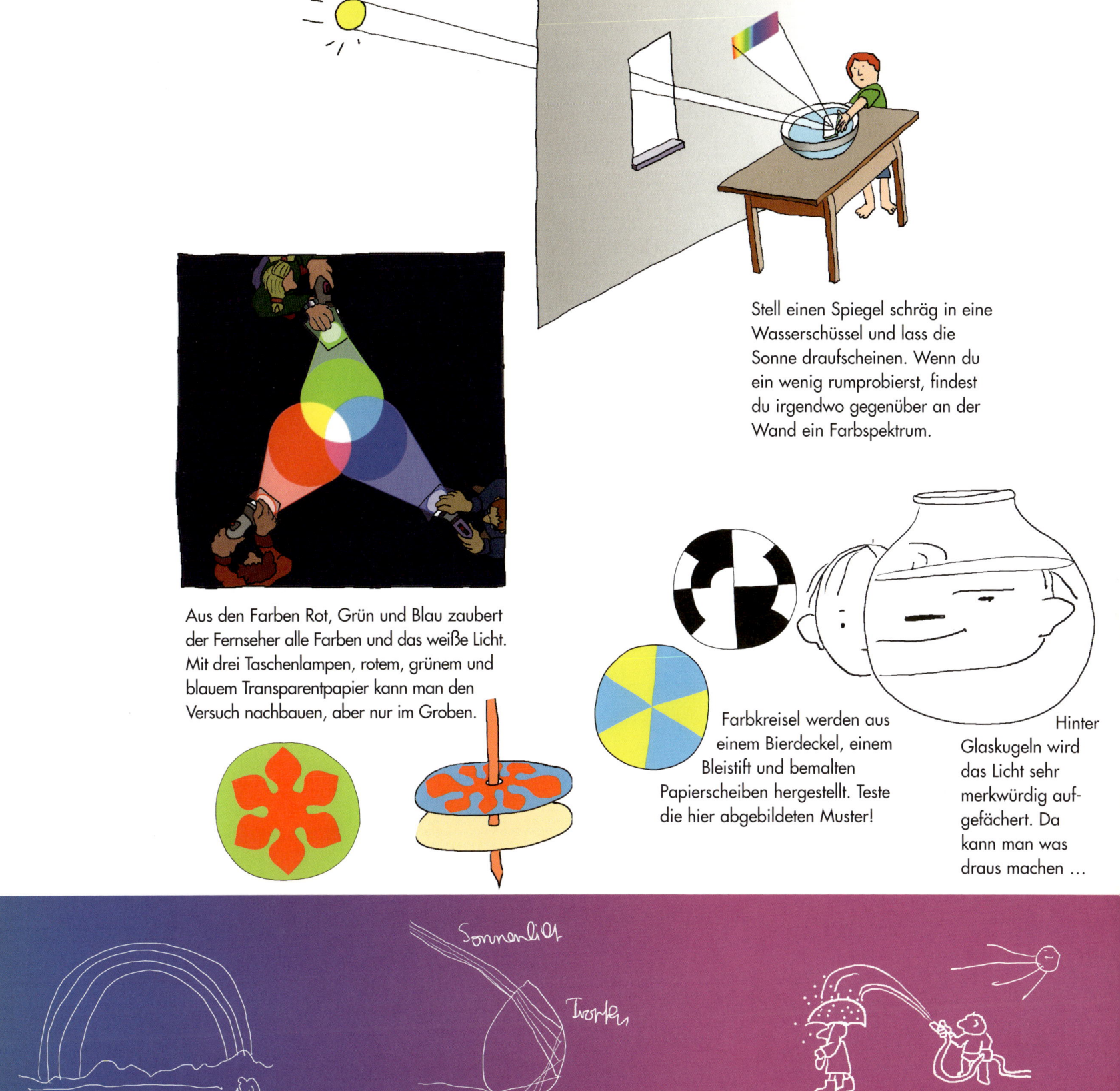

Stell einen Spiegel schräg in eine Wasserschüssel und lass die Sonne draufscheinen. Wenn du ein wenig rumprobierst, findest du irgendwo gegenüber an der Wand ein Farbspektrum.

Aus den Farben Rot, Grün und Blau zaubert der Fernseher alle Farben und das weiße Licht. Mit drei Taschenlampen, rotem, grünem und blauem Transparentpapier kann man den Versuch nachbauen, aber nur im Groben.

Farbkreisel werden aus einem Bierdeckel, einem Bleistift und bemalten Papierscheiben hergestellt. Teste die hier abgebildeten Muster!

Hinter Glaskugeln wird das Licht sehr merkwürdig aufgefächert. Da kann man was draus machen …

In der Natur braucht es keine Glasprismen, um die Spektralfarben an den Himmel zu zaubern, das erledigen die Wassertropfen, und die gibt's zur Genüge: Wenn's regnet. Licht muss aber auch da sein, dann gibt's einen Regenbogen.

Was passiert da in der Natur mit dem Wassertropfen? Das Licht dringt in den Tropfen, wird ein wenig aufgefächert, an der Rückseite zurückgespiegelt, wieder aufgefächert, dann: aus dem Tropfen raus – wieder aufgefächert,

und dann hat man schon die schönsten Farben am Firmament. Wer's nicht glaubt, kann's selber machen: mit einem Gartenschlauch und der Sonne im Rücken. Daumen auf den Wasserstrahl und so lange ausprobieren, bis es klappt.

Auge

Es gibt einen Glaskörper, der ist sehr alltäglich, praktisch und doch auch raffiniert, kostspielig und so einmalig, dass er Millionen Mal wertvoller ist als alles Glas der Welt: Es ist das Auge.

Über das Auge kommt das Licht zu uns. Eigentlich über eine sehr kleine Öffnung im Auge, die Pupille*, dringt es durch den Glaskörper auf die Netzhaut* im Auge. Die Pupille ist so klein, dass nur sehr wenige Strahlen durchpassen. Das bringt Ordnung in eine helle Welt: Nicht alles Licht, das die Dinge der Welt erstrahlen lässt, darf ins Auge, nein, nur die wenigen Strahlen, die schnurstracks durch die kleine Öffnung an die Netzhaut gelangen, können passieren, und das hat Folgen: Das Bild im Auge steht seitenverkehrt auf dem Kopf. Das ist aber nicht weiter schlimm, weil sich der Kopf daran gewöhnt hat, er baut das Bild direkt mal um und stellt die Welt vom Kopf wieder auf die Füße.

Die Menschen haben diesen Vorgang nachgebaut und aus dem kleinen Loch in der Kammer (Italienisch: camera) eine Kunst, ein Handwerk und ein schönes Hobby gemacht: die Fotografie.

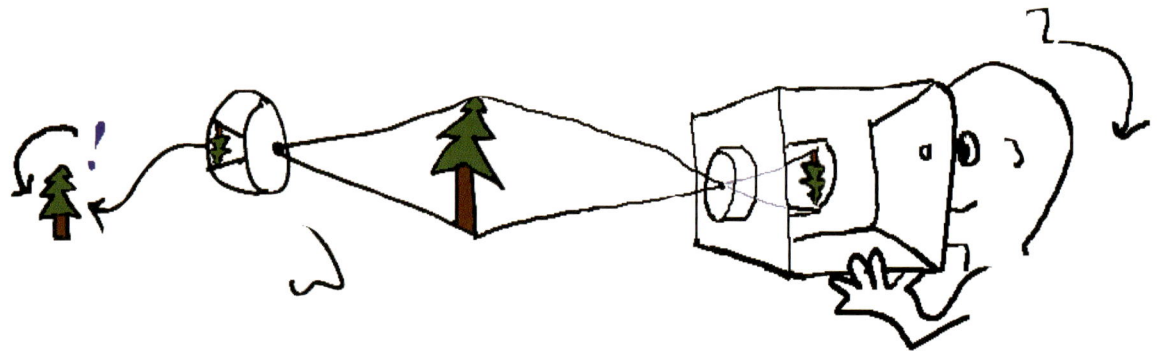

Das Auge dreht die Welt um. Dem Gehirn ist das egal, es stellt das umgekehrte Bild einfach wieder auf die Füße.

Wie das Auge, so sieht auch der Betrachter in der Lochkamera das Bild auf der Mattscheibe seitenverkehrt auf dem Kopf stehend. Warum? Weil das Loch vorne in der Kamera so klein ist, dass nur wenig Strahlen durchkommen: Die von der Baumspitze landen unten auf der Mattscheibe, die vom Stamm oben. Probier das mal aus!

Die Mattscheibe aus Pergamentpapier über eine Dose ziehen. Das Loch in den Dosenboden stechen, ein Millimeter Durchmesser genügt. Die Dose in einen Karton mit kleinem Einblick gegenüber lichtdicht einbauen.

54

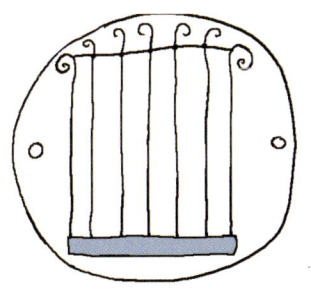 +  =

Ein bisschen faul ist das Auge schon, aber das ist auch gut so: Auf diese Weise werden die einzelnen Bilder, die auf uns einströmen, zusammengefasst. Wenn man zum Beispiel einen Bierdeckel mit Papier beklebt und auf eine Seite einen Käfig malt, auf die andere – mit dem Kopf nach unten – einen Löwen zeichnet, zwei Löcher rechts und links reinpiekst und da zwei Gummibänder durchzieht, dann kann man den Löwen in den Käfig sperren. Zumindest will uns das Auge das vormachen, und du sollst das nachmachen!

  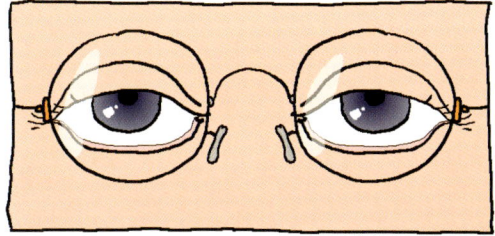

Das Bild der Welt wird durch die Pupille auf die Netzhaut geworfen, die Leinwand im Auge, auf der alles sichtbar wird. Sie hat einen Ausgang zum Gehirn, den Sehnerv, an dieser Stelle kann man nichts sehen. Mach dein linkes Auge zu und halt das Kreuz hier mit ausgestrecktem Arm genau vor dein rechtes Auge. Dann zieh das Buch langsam zu dir. Pass auf: Erst verschwindet der Kreis aus dem Augenwinkel, dann taucht er wieder auf, und der Stern verschwindet. Das ist die Stelle, wo der Sehnerv sitzt, da sieht das Auge gar nichts, aber normalerweise das andere, und das reicht für gewöhnlich.

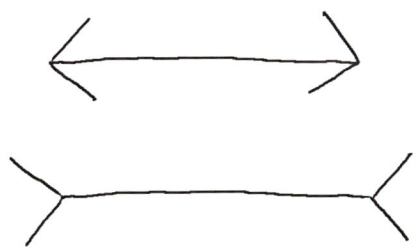

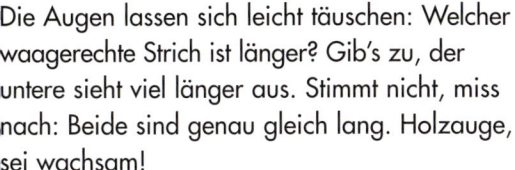

Die Augen lassen sich leicht täuschen: Welcher waagerechte Strich ist länger? Gib's zu, der untere sieht viel länger aus. Stimmt nicht, miss nach: Beide sind genau gleich lang. Holzauge, sei wachsam!

Und was soll das?!? Sind das jetzt drei Rohre oder ist's ein eckiger Kasten mit zwei kantigen Seitenteilen? Auch hier ist das Auge wieder träge, es denkt sich seinen Teil, wird aber vom Zeichner reingelegt.

Hinter der Pupille, dem kleinen schwarzen Loch im Auge, durch das die Lichtstrahlen dringen, stellt eine Linse das Bild im Auge scharf. Wenn das nicht mehr klappt, gibt's zwei Linsen aus Glas: eine Brille.

Linsen

Alle Linsen sind rund, und sie sind gewölbt, einige sind – wie die im Eintopf – in der Mitte dick, andere gerade mal andersrum: in der Mitte dünn und am Rand dick. Und wie das beim Glas so ist, bricht sich das Licht und wird abgelenkt: Beim Eintritt ins Glas, und wenn's wieder an die frische Luft geht.

Das ist normal. Weil aber die Strahlen auf eine kugelförmige Oberfläche treffen, werden sie ganz besonders geknickt: am Rand stark und zur Mitte hin weniger. So treffen sich alle Strahlen in einem winzigen Punkt, dem Brennpunkt, dann gehen sie wieder auseinander. Das ist praktisch. Weil das, was in die Linse reinkommt – also das Bild der Dinge – erst kleiner, dann aber auseinander gezogen und aufgeblasen wird und somit größer.

Das ist wichtig: für die Optik, für das Sehen, für das Wissen über die Welt. Mit dieser Optik, den zur Linse geschliffenen Glasscheiben, haben die Menschen das Universum entdeckt und erobert, weil sie Klitzekleines sichtbar gemacht haben – die Tiere im Brunnenwasser und die Monde des Jupiter.

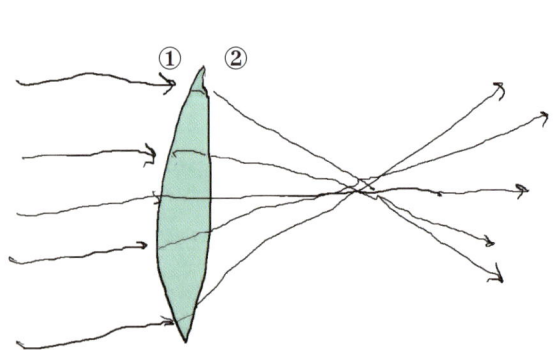

In der Sammellinse werden die Lichtstrahlen zweimal gebrochen. Einmal, wenn sie ins Glas fallen (1), und dann wieder beim Austritt (2). Beide Male werden sie zur Mitte hin geknickt, sodass sie sich im Brennpunkt treffen. Dann geht's wieder auseinander. So funktioniert eine Lupe.

Nicht nur das Glas sammelt die Lichtstrahlen, auch das Wasser. Nimm irgendeinen großen Ring, zum Beispiel von einer losen Kuchenform, leg eine Plastikfolie locker rein und kleb sie außen am Ring fest. Wenn du das Ganze mit Wasser füllst, bildet die Folie eine runde, linsenähnliche Oberfläche. So kann man schon mal mit dem Untersuchen anfangen.

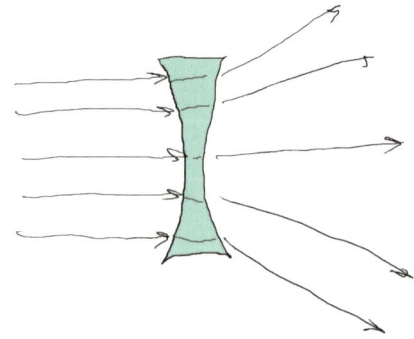

Auch die Zerstreuungslinse hat gewölbte Oberflächen, aber die Wölbungen gehen nach innen. Die Lichtstrahlen, die aufs Glas treffen, werden gleich zerstreut. Ohne Zerstreuungslinse gäb's heute kein Fernrohr und kein Mikroskop.

Im Brennpunkt brennt's wirklich! Geh an eine Stelle, wo sonst wirklich nichts brennen kann: in einen geteerten Hof, ein trockenes Flussbett oder auf die Terrasse. Du brauchst Sonnenschein, eine Lupe und ein Stück Papier. Dann halt die Lupe so vor das Papier, bis der helle Sonnenfleck winzig klein geworden ist. So musst du die Lupe eine Weile halten und warten, bis Rauch aufsteigt, und das Papier zu kokeln beginnt. Wenn's zu wild wird, alarmier die Feuerwehr!

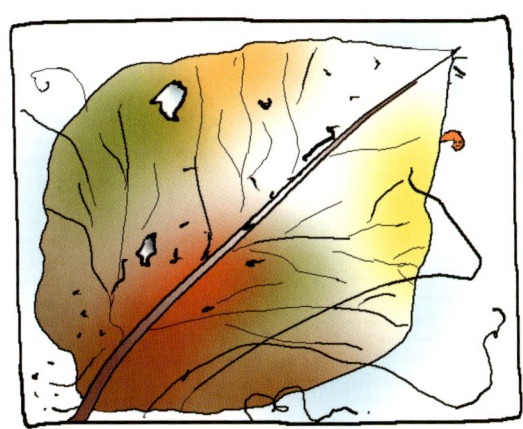

Auch Wassertropfen geben eine Lupe ab: Ein dicker Tropfen auf einer kleinen Glasscheibe oder Folie lässt Kleines schon mal ganz schnell wachsen!

Linsen vergrößern, wenn sie sollen. Zum Beispiel Dias. Kauf dir ein paar Glasdiarähmchen und steck interessante, aber nicht zu dicke Sachen zwischen die zwei Scheiben: Blätter, Grasblüten, Moos, Wollmäuse oder ein paar Tropfen Öl und Essig. Und dann schau dir das mit dem Projektor an, die kleine Welt wird ganz groß und seltsam.

Dass eine Linse, die die Strahlen sammelt, Dinge vergrößert, ist komisch, aber richtig. Die gesammelten Strahlen treffen sich in einem Punkt, dem Brennpunkt, und gehen von dort auseinander: Was also zwischen Brennpunkt und Linse liegt, wird größer: ah!

Was weiter weg ist, wird zum Brennpunkt hin gesammelt und von dort auf den Kopf gestellt und Richtung Auge weitergeleitet. Auf der Linse erscheint alles klein und verkehrtherum.

Das auf dem Kopf stehende Bild kann man mit einer stärkeren Lupe vergrößern. Das sind die zwei Linsen für ein einfaches Fernrohr, probier's aus! Es ist zwar noch ein weiter Weg zu den modernen Fernrohren (die mittlerweile auch mit Zerstreuungslinsen arbeiten), aber: Der Anfang ist gemacht!

Lichtjahre

Mit den Vergrößerungsgläsern wurde das Universum entschlüsselt: die unendlich fernen Sternenwelten und die winzigen, für das Auge nicht sichtbaren Lebewesen in unserer Mitte. Vor langer Zeit hielt man die Erde für den Mittelpunkt der Schöpfung. Heute weiß man, dass sie ‚nur' einer von vielen Sternen im schier endlosen All ist, der in einer Kreisbahn um die Sonne wandert. Das Licht von dort braucht schon mal hundert Jahre, bis wir es hier auf der Erde empfangen. Und das will was heißen, es ist nämlich verdammt schnell, das Licht: In einer Sekunde legt es 300.000 Kilometer zurück. Wie viel Kilometer also das Licht in einer Stunde oder gar in einem Jahr zurücklegt … lassen wir das lieber.

Was das Licht aber eigentlich ist, darüber hat man lange nachgegrübelt. Einerseits breitet es sich aus wie Wellen, winzige Wellen, die in rasender Geschwindigkeit von der Lichtquelle wegzischen. Andererseits verhält sich das Licht dann doch wie kleine Teilchen, ‚Photonen'*, Lichtteilchen, die von der Lichtquelle ausgesandt werden. Vorstellen kann man sich das nicht mehr, aber nachschauen, wo die Lichtjahre herkommen, kann man schon. In der Nacht mit dem Fernrohr.

In die Sonne darf man nie schauen. Nie und nochmals nein, weil's die Augen zerstört. Es gibt aber eine Methode, mit der man trotz dieser Gefahr die Sonne wissenschaftlich untersuchen kann: Man *lässt* die Sonne anschauen, und zwar mit einem Fernglas und Papier. Man stellt das Glas beispielsweise auf einen Stapel Bücher und richtet es auf die Sonne. Aber man schaut nicht rein! Sondern lässt die Sonne durch das Glas auf das Papier scheinen. Auf dem Papier siehst du die Sonne und – wenn du scharf stellst, ihre Flecken, die Sonnenflecken. Heute wissen wir: Es sind keine Wolken, Tiere oder Vulkane, sondern riesige Gasfeuerstürme.

Wer einen Stein in einen stillen See wirft, kann die Wellen sehen, die sich kreisförmig vom Wasseraufschlag wegbewegen. Beim Licht geht's mit 2.000 Wellen in der Sekunde etwas zackiger zu. Zwischen Wasser und Licht liegt, was die Schnelligkeit der Wellenbewegung angeht, der Schall. Lies weiter!

Das unendliche All zeigt dir unendlich viele
Sterne. Wer eintaucht in das Meer der
Planeten, Nebel und Galaxien, wird bald
merken, dass die Erde und vor allem er
selber schon recht klein ist. Macht aber
nix. Was sind schon 100.000 Tonnen
Helium gegen einen, der was weiß?

laut und leise

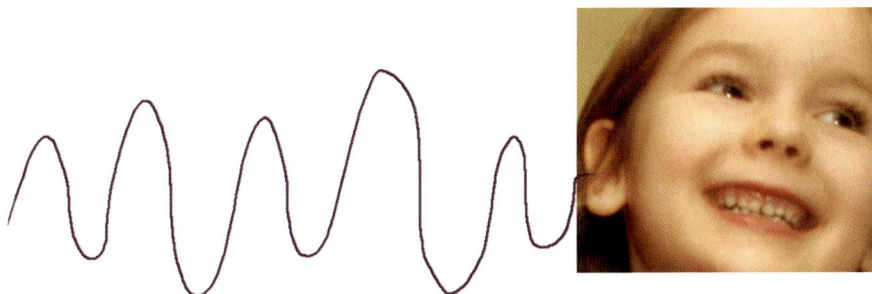

Schall
Akustik
Musik

Hör mal!

Mach die Augen zu! Nein – lies erst weiter, sonst weißt du nicht, worum es geht. Also: Wer die Augen schließt, wer nichts sieht, muss sich auf seine Ohren verlassen. Der merkt, was da eigentlich los ist um uns herum. Nicht, dass man sonst taub wäre, nein. Dauernd tönt und plappert es, man hört sich das Gekicher der anderen an, das Gedudel im Supermarkt und auch die allerliebste Lieblings-CD, erschrickt vor Motorrädern und anderem dummen Krach, und manchmal flüstert man sich etwas heimlich zu. Überall klingt etwas, summt, brummt, zischt, klappert, dröhnt, quietscht und rumpelt. An den Worten kann man den Klang schon erkennen: summmmen, quiiiiietschen und so weiter.

Die Welt ist voller Klänge und Geräusche. Und wer die Ohren aufsperrt – nein, die kann man gar nicht aufsperren. Man kann ja auch nicht weghören, wegschauen schon. Und wer die Augen schließt und dann zehn Sekunden wartet, der hört plötzlich viel mehr als vorher. Das wissen auch die Musiker, die spielen gerne mit geschlossenen Augen.

Manchmal ist es im Zimmer ganz still. Bei Opa zum Beispiel. Nur die Uhr tickt. Die Katze döst im Sessel und schnurrt im warmen Sonnenschein. Bald gibt's Kuchen.

Im Bad unter der Dusche kann man gut singen! Warum? Weil es so schön hallt. Die Kacheln werfen den Schall zurück. Nur die Badematte schluckt den Schall. Aber die ist ja klein.

Fliegen trappeln ganz schön laut. Du musst aber erstmal eine fangen, und zwar lebendig: Stülp ein großes Glas über die Fliege (das sieht sie nicht), schieb ein Papier drunter, und lass sie in eine Papiertüte fliehen – gefangen! Dann stampft sie zornig in der Tüte, das kannst du hören.

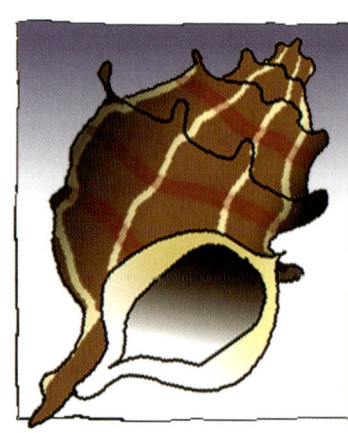

In der Muschel rauscht das Meer. Nicht wirklich, es sind die Geräusche um uns herum, die in der Muschel verstärkt werden, aber träumen kann man dabei ruhig vom Meer.

Geh raus, in den Garten, hinters Haus. Schließ die Augen und pass auf, was es alles zu hören gibt.

In den Kirchen hallt es besonders gut. Wenn da 200 Leute ein Lied singen, klingt's fast schon ein wenig nach Himmel, und es macht ehrfürchtig. Die Baumeister wussten schon, wie man Eindruck macht. Und die Meister der Musik auch.

Normal hört man etwas und hat den Kopf nicht unter Wasser, man ist ja kein Fisch. Gelegentlich – in den Ferien beim Baden zum Beispiel – sind die Ohren aber doch im Wasser, und man merkt: Unter Wasser klingt's noch besser. Wasser überträgt den Schall sehr gut.

Ganz besonders schön klingt es in Unterführungen, und am besten, wenn keine Autos durchfahren. Das merkt jedes Kind und probiert's aus. Und die Straßenmusiker wissen es auch, dann gibt's ein paar Cent mehr.

Hörspiele

Bitte Ruhe!

Es hat schon eine Weile gedauert, bis man die Töne und Geräusche aufnehmen und wieder abspielen konnte, bis es ein Radio gab, spannende Kassetten und Musik aus wummernden Lautsprechern.

Normal verklingt der Schall, und nichts bleibt. Das ist bei Bildern anders: Einmal gemalt, werden sie an die Wand gehängt und bleiben da für sieben Wochen und ein Jahr. Was du hörst, ist aber gleich schon wieder weg. Schall und Rauch sagt man, wenn etwas nicht mehr ist, wenn's weg ist, futsch und nicht wiederkommt.

Wer den Schall aufbewahren will, braucht Geräte: ein Mikrofon, ein Tonbandgerät und eine Kassette. Inzwischen gibt es viel moderne Elektronik, und die Kassetten landen in der Krimskramskiste im Keller. Das macht die Geräuschejagd kompliziert, ändert aber nichts an den Voraussetzungen, die einer mitbringen muss: Geduld und gute Ohren. Geduld kann man üben, und das Hören kann man lernen, auch ohne Aufnahmegerät.

Am besten fängst du mal an, zum Beispiel im Park mit den anderen. Und dann steigerst du dich – bis zum Tonmeister.

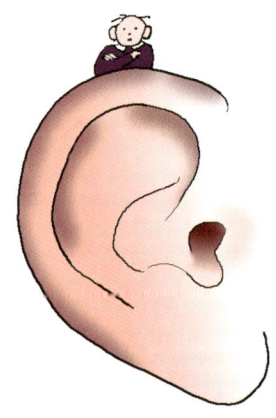

Am Anfang war das Ohr. Es ist sehr empfindlich. Pass schön drauf auf, und steck nichts rein. Nur deine Mutter darf da mal mit einem Wattestäbchen drin aufräumen.

Ein Hörspiel im Park. Du brauchst ein Megaphon, also einen Papp-Trichter, und viele Kinder. Eins bekommt den Trichter. Die anderen Kinder müssen auf die andere Seite des Parks, sodass man sie nicht mehr hört. In der Mitte steht der Schiri. Dann muss das Kind mit dem Trichter etwas ganz laut zu den anderen rüberrufen, und wenn die es nicht verstehen, dürfen sie einen Schritt nach vorn gehen, dann gibt's wieder was durchs Megaphon und so weiter und so lange, bis ein Kind versteht, was in den Trichter gerufen wurde. Es bekommt den Trichter, und dann geht's wieder von vorne los.

Alle Dosen müssen gleich groß sein, wie zum Beispiel Filmdosen. Füll in je zwei Dosen gleiches Material: Kies, Sand, Reißnägel, Plastikkugeln ... Verschließe sie. Und dann musst du am Klang erkennen, welche Dosen zusammengehören, und Paare bilden.

Kassetten verknuddeln. Dann muss man sie voooooorsichtig entwirren, bis sie sich wieder glatt aufrollen lassen. Oder wegschmeißen. Pech.

Wer mit dem Tonband unterwegs ist, darf sich nicht fürchten. Braucht Mut, Geduld und Ausdauer und natürlich einen Kassettenrekorder mit einem Mikrofon und eine unbespielte Kassette (zumindest eine, wo Sachen drauf sind, die man nicht mehr braucht). Der Rest ist Abenteuer. Zum Beispiel im Zoo.

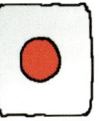

An einem Tonbandgerät sind immer diese sechs Tasten: Der rote Aufnahmeknopf, die Vorwärtstaste mit einem Pfeil, die Rückwärtstaste mit den zwei Pfeilen nach links, Schnell-Vorwärts mit den zwei Pfeilen nach rechts, die Stop- und Rauswerftaste (auf der auch EJECT steht) und die Pause mit den zwei senkrechten Strichen.
Jetzt brauchst du nur noch eine leere Kassette. Spul zurück zum Anfang, drück die Pausetaste rein und dann gleichzeitig auf den roten Knopf und die Vorwärtstaste. Wenn du nun die Pausetaste drückst, geht die Aufnahme los. Und zwar so lange, bis du wieder auf den Pausenknopf drückst. Oder das Band zu Ende ist. Dann spul rückwärts zurück und hör dir an, was rausgekommen ist.

Mit einfachen Geräuschen kann man schon mal gute Versuche machen: eine Schranktür, die quietscht, die Klospülung, oder wenn Bea, Murat oder Lisa etwas sagen. Das kann man schön hintereinander aufnehmen, und dann die anderen raten lassen: Was quietscht da? Oder wer sagt jetzt was? Bea oder Lisa? Gut sind auch ganz fiese Geräusche: Nägel auf Schiefertafel und so'n Zeug.

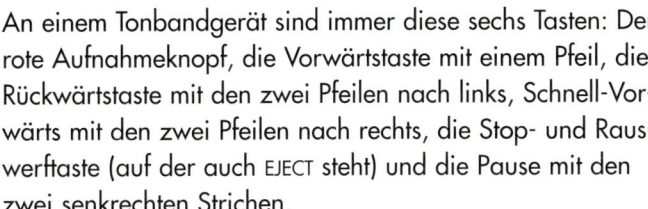

Die echten Hörspiele sind fast spannnender als Filme, weil man sich alles vorstellen kann, eigentlich vorstellen muss. Es sind Kopfspiele, und du kannst sie selber schaffen, zum Beispiel eine (kleine, aber feine) Geschichte aus einem Buch nachspielen, oder dir selber eine ausdenken. Wichtig ist, dass du ein paar Sprecher hast, die mitmachen: Olli spielt – nein spricht – einen Cowboy, Lara die Prinzessin, Boris einen Kater und Papa den Richter. Einer spricht den Erzähler, einer nimmt mit dem Tonband alles auf und einer macht die Geräusche.

Für den Regen werden Erbsen in einem Sieb geschüttelt, und wenn's donnern soll, muss man an einem großen Blech rütteln. Bei Wind wird leise ins Mikrofon geblasen, und Wasser kann man natürlich mit Wasser darstellen: in einem Topf rumrühren, aus einer Flasche etwas in einen Topf gießen und so weiter. Zum Telefonieren hält man sich die Nase zu und spricht in einen leeren Joghurtbecher. Viele Menschen laufen rum, wenn man an zerknülltem Zeitungspapier drückt und rupft, ein Schuss ist ein Linealschlag auf den Tisch. Probier noch mehr!

Trommeln

Wer Geräusche macht, gibt ihnen gerne einen Takt, macht, dass sie immer denselben Abstand haben: wie Schritte oder Trommeln, wie der eigene Herzschlag. Jeder hat das im Blut, das ist der Fluss der Welt, und Fließen heißt auf griechisch Rhythmus, und der kommt aus dem Bauch.

Am Anfang war nämlich der Bauch. Die Menschen wachsen im Bauch, im Bauch der Mutter. Sie fühlen nichts als Wärme, Geborgenheit und das ewig gleiche, alles durchdringende Bobumm ihres Herzschlags. Manche Menschen (besonders die, die jeden Tag ins Büro gehen) vergessen diesen Herzschlag und wissen zum Schluss manchmal nicht mehr genau, was zuerst war: das Büro oder das Leben. Die anderen trommeln. Mit den Fingern auf den Tisch, mit den flachen Händen auf den Oberschenkeln. Sie wiegen den Kopf zur Musik und tanzen so lange in die Nacht, bis sie den letzten Bus nach Hause verpassen. Manche trommeln auf Dosen, Kisten oder Mülltonnen rum, und ganz wenige kaufen sich gleich einen ganzen Berg Trommeln und Becken: ein echtes Schlagzeug.

Fühl deinen Puls! Lauf im Zimmer rum und leg dann die Finger (-Kuppen) auf den Arm unter den Daumen der anderen Hand. Mach den Puls nach und füll die Zeit zwischen den Schlägen: dabum-bum …

Trommeln ist laut. Das muss man schon mal so sagen. Manche finden das schön, andere weniger, das kann schon mal Ärger geben. Da musst du durch. Vielleicht lassen sich Vereinbarungen finden, Trommeln nur nachmittags von vier bis fünf?

Letztlich kann man auf alles draufhauen, Hauptsache, es geht nicht kaputt. Dann merkt man schon mit der Zeit: Manches klingt gut, manches weniger. Leere Sachen klingen besser als volle, zum Beispiel Dosen. Also am besten erst die Kekse aus der Dose essen!

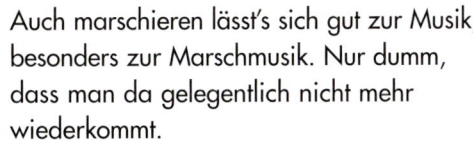

Auch marschieren lässt's sich gut zur Musik, besonders zur Marschmusik. Nur dumm, dass man da gelegentlich nicht mehr wiederkommt.

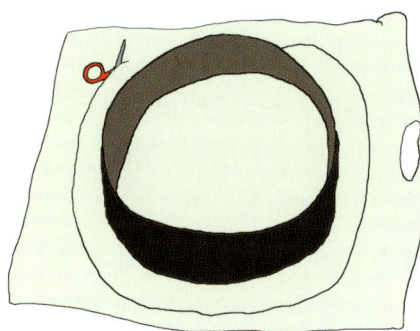

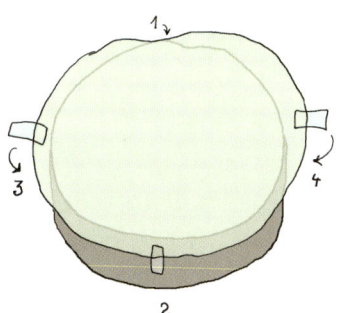

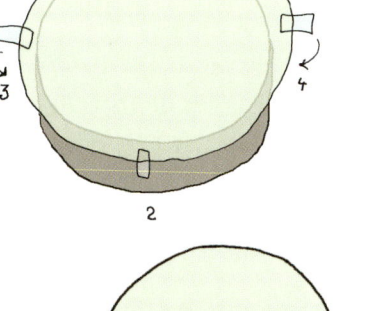

Du kannst dir selber eine Trommel bauen. Eine Keksdose eignet sich gut dafür, eine Kuchenform mit losem Boden noch besser. Nimm eine Plastiktüte, die so groß ist, dass du sie locker über die Form legen kannst, ohne dass sich ein Klebefalz, ein Loch oder so etwas in der Kuchenform befindet. Schneid einen Kreis mit genug Rand um die Form. Dann kleb die runde Plastikfolie fest. Erst an einer Stelle, dann genau gegenüber, dann in der Mitte zwischen den beiden Klebestellen, dann wieder genau gegenüber und so weiter und immer schön stramm die Folie über den Rand der Form ziehen. Zum Schluss hast du eine Trommel, die schön satt klingt. Probier's aus!

Einen halben Luftballon kannst du über ein (am besten leeres) Gurkenglas ziehen. Das gibt ein strammes Trommelfell, und der Trommelstock federt schön drauf rum, fast schon ein Trommelwirbel.

Es gibt aber nicht nur volle und leere Dosen, also schlechte und gute Klangkörper, sie unterscheiden sich auch von der Klangart her. Als Erstes kann man sagen, dass die großen Dosen (Kisten/Töpfe/Tischplatten ...) tiefer und voller klingen als die kleinen, und zweitens: Es kommt schon noch drauf an,

wie man auf die Dinge schlägt. Mit einem weichen Puschelschläger oder einem harten Holzstock. Man muss ja auch gar nicht draufschlagen: Man kann auch entlangschrabben (zum Beispiel an einem alten Waschbrett), oder man lässt kleine Kieselsteinchen die Arbeit erledigen, schüttet

eine Handvoll in eine (oder besser zwei) leere und trockene PET-Flaschen, Deckel zu und dann schön im Rhythmus klappern. Bei kleinen Babys nennt man das Rasseln, bei Erwachsenen Marakas, cool. Wenn die anderen dazu – und dazwischen – in die Hände klatschen, bis der Rhythmus schwebt ...

hoch & tief

Wir kennen das von den Trommeln, da gibt es nicht nur laut und leise, nein: Die eine Trommel klingt hoch, hell und ein wenig dünn, die andere tief und voll. Auch das gehört zum Schall, zur Akustik (Akustik ist die Lehre vom Schall). Aber: Was ist das dann eigentlich – ‚Schall‘? Er ist an der Quelle laut, wird leiser, je weiter man weg ist, kommt blitzschnell und verschwindet wieder. Stört, wenn's zu laut wird, oder gefällt und schmeichelt der Seele und ist doch nur – Luft, bewegte Luft.

Und: Bewegung. Bewegung der Hände. Die schlagen auf die Trommel, Bewegung der Trommel, genauer des Trommelfells, das wiederum die Luft bewegt. Die Luft bewegt sich, fließt in Wellen zum Ohr und bewegt dort wieder: das Trommelfell! Das ist jetzt im Ohr, ein zartes sehr empfindliches Häutchen. Es fängt die Bewegung der Luft auf, und unser Kopf sagt uns: laut. Oder: leise, hoch oder tief. Schön! Oder: Da muss noch geübt werden! Das alles geht auch unter Wasser, aber nie ohne irgendetwas zwischen der Schall-, also der Bewegungsquelle, und dem Ohr. Wo nichts ist, ist auch kein Schall. Das ist beim Licht schon anders! Aber das ist ja auch viel schneller.

Im Weltall ist alles stumm. Der Mond hat keine Luft, und so könnte man nicht einmal die lauteste Explosion vom Mond her hören: Nichts trägt die Bewegungen weiter, da nützt den kleinen grünen Männchen auch keine Riesentrompete.

Der Schall breitet sich von der Quelle aus und kehrt manchmal wieder zurück, er wird reflektiert. Wie heißt also der Bürgermeister von Wesel? Das Echo sagt's.

Ein bisschen Zeit braucht der Schall schon von einem Fleck zum anderen, und es gibt Flugzeuge, die sind schneller als der Schall: die Überschallflugzeuge. Der Schall legt in drei Sekunden ziemlich genau einen Kilometer zurück. Zähl die Sekunden zwischen Blitz und Donner, und teil die Zahl durch drei: Dann weißt du, wie viele Kilometer das Gewitter noch weg ist. Und dann such dir schnell ein sicheres Dach über dem Kopf.

Schnelle, kurze Schwingung:
hoher Ton

Ob ein Ton hoch oder tief ist, hängt ab von der Bewegung, genauer: der Schwingung des Trommelfells, der Luft. Kleine Dinge – kleine Keksdosen – scheppern, erzeugen einen hellen, hohen Ton. Große Dinge – leere Mülltonnen – schwingen langsam, erzeugen einen tiefen Ton.

Sehr feine, schnelle Schwingungen geben sehr hohe Töne – wie Botschaften aus einer fremden Welt. Nimm ein dünnes Sekt- oder Weinglas, mach deinen Finger nass, und dann reib gleichmäßig den Glasrand. Schnell entsteht ein hoher, fremder, gleichmäßiger Pfeifton, Weltraummusik.

Aus Flaschen kannst du dir eine kleine Orgel bauen. Je mehr Wasser du einfüllst, desto langsamer, tiefer schwingen (und klingen) die Flaschen. Die Größe der Flasche spielt natürlich auch eine Rolle, und wie dick das Glas ist. Bau und gieß dir eine schöne Melodie ein!

Langsame, lange Schwingung:
tiefer Ton

Wenn's um die Schallgeschwindigkeit geht, erklärt auch eine kleine Sauerei viel: Nimm eine schöne Papiertüte, zum Beispiel eine vom Bäcker, in die gut und gerne acht Brötchen passen, und füll sie mit zwei Tassen Mehl. Geh mit deinem Freund oder deiner Freundin nach draußen auf einen großen Fußballplatz, eine sehr große Wiese oder sowas. Dann bleibt einer an einem Ende, und der andere geht ans andere. Einer bläst die Mehltüte auf und lässt sie platzen, und der andere schaut und hört genau zu: Er sieht zuerst das Mehl durch die Luft stauben, und dann erst hört er den Knall. Der Schall braucht eben viel länger als das Licht.

Gut, dass du zwei Ohren hast, da weißt du, wo der Schall herkommt, das zeigt auch der Versuch: Nimm einen Schlauch und zwei Trichter, und dein Freund oder deine Freundin klopft hinter deinem Kopf auf den Schlauch. Du kannst die Schlagstelle immer genau orten, der Schall braucht halt seine Zeit – zum fernen Ohr dauert's länger.

Saiten

Kleine Dinge: hoher Ton. Große Dinge: tiefer Ton. Wie bei den Menschen. Kleine Mädels: hohe Stimme. Dicke Männer: tiefe Stimme. So lassen sich Instrumente bauen, zum Beispiel die Saiteninstrumente: eine Geige oder eine Gitarre, eine Bassgeige, eine Harfe, eine Zither, alles Saiteninstrumente. Saiten sind feine Stahldrähte oder Schnüre, früher aus Tierdarm, heute aus Perlon.

Saiten klingen wie alle Dinge: kurze, dünne Saiten klingen hoch, lange, dicke Saiten klingen tief. Macht für eine Geige mit vier Saiten genau vier Töne, damit kommt man nicht weit, mit einer Harfe schon: Sie hat 47 Saiten. Bei den anderen Instrumenten, den Geigen und Gitarren, behilft man sich mit einem Trick: Die Musiker verkürzen beim Spielen die Saiten, drücken sie mit den Fingern auf das Griffbrett, dann schwingt nur noch ein kürzerer Teil der Saite. Es kommt jetzt sehr darauf an, wo die Saite runtergedrückt wird, und es gilt wieder: kurzes Saitenstück: hoher Ton. Lange Saite: tiefer Ton. Und auf noch etwas kommt es sehr an: Wie die Saite gespannt ist. Große Spannung hoch, schlappe Spannung tief. So werden die Instrumente gestimmt.

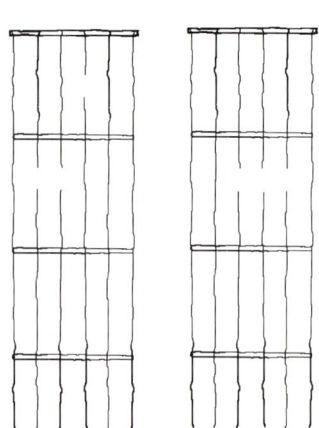

Keksdosen mit Gummibändern sind eher einfache Saiteninstrumente, zeigen aber, wie's geht. Stramme Gummis: hoher Ton, große Gummis klingen tief. Wenn du auf die Gummis drückst, verändert sich sogar die Tonhöhe.

Das ist das Brett der Gitarre, auf dem die Saiten mit den Fingern der linken Hand runtergedrückt werden, das Griffbrett. Die Saiten der Gitarre heißen (von der tiefen dicken bis zur dünnsten:) E-A-D-G-H-E, ein Anfänger der Gitarre habe Eifer! Und so wie auf dem Bild muss man das Ding halten und greifen. Damit die Saiten auch

gleichzeitig schön klingen, gibt es Griffe. Sie lassen Klänge entstehen, man sagt auch: Akkorde; sie werden nach dem wichtigsten Ton benannt, und der ist hier beim E-Griff eben das E. Wo die Saiten runtergedrückt werden müssen, siehst du an der Zeichnung. Wie du sie runterdrückst, das hängt von deiner Kraft und Geduld ab.

Lieder brauchen immer mehrere Griffe, und es gibt immer welche, die gut zusammenpassen. Zum E-Akkord passt zum Beispiel gut der A-Akkord. Die Nummern sind die Finger (1: Zeige-, 2: Mittelfinger usw.). Der Daumen hat da nichts zu suchen!

Schon mit wenigen Griffen kannst du ein Lied begleiten. Die Lieder sind in einer Tonart geschrieben, zum Beispiel in E-Dur. Dur ist das Gegenteil von Moll, die Farbe der Akkorde. Dur klingt hart und strahlend, Moll weich und ein klein wenig traurig. Im Jazz und in der Rockmusik wird das nicht so genau gesehen, es gibt noch etwas zwischen Dur und Moll, das ist der Blues. Aber wie bei allen Liedern gehören auch da zum Grundakkord ganz bestimmte andere Akkorde. Und die, die (eigentlich) nicht dazugehören, machen das Stück schräg, lustig, spannend, fremd und abwechslungsreich. Wie 1.000 und eine Nacht.

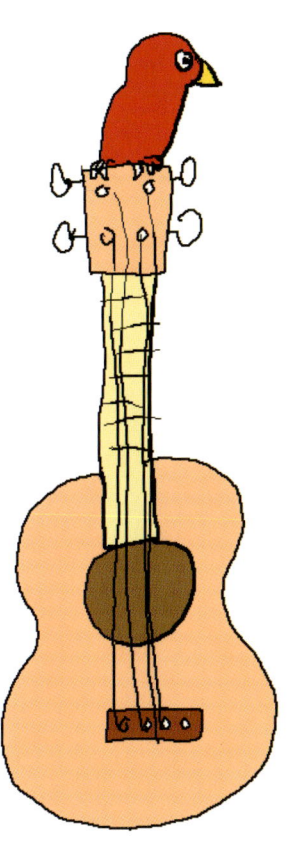

Wem die Gitarre zu groß und zu schwierig ist, kann's mal probeweise mit der Ukulele probieren, die ist klein, billig und hat nur vier Saiten. Oder mit der Geige oder dem Cello. Nur vom Kontrabass sollten Kinder die Finger lassen, der ist einfach zu groß.

Natürlich musst du nicht immer Griffe schrubben, du kannst auch einzelne Töne spielen. Am besten auf der Elektrogitarre. Die spielt sich leicht, klingt saumäßig stark, und du wirst ein berühmter Sologitarrist. Wer zu faul zum Üben ist, spielt Luftgitarre: Denkt sich sein Instrument und fuhrwerkt wild in der Luft rum. Auch schön.

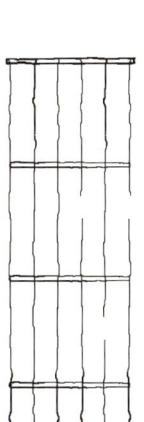

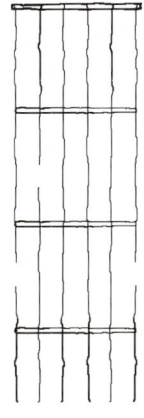

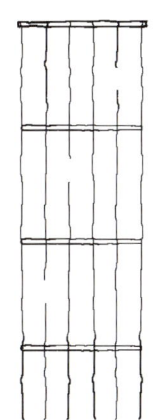

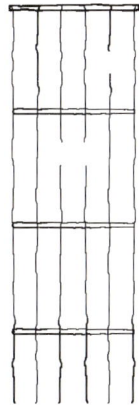

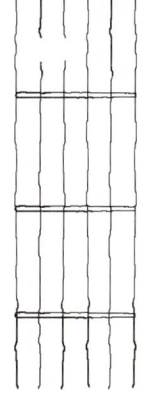

Bei D-Dur solltest du die tiefe E-Saite nicht mitspielen, das klingt nicht gut.

Für G-Dur braucht man lange Finger.

Bei C-Dur kann man die tiefe E-Saite mitspielen, schöner ist es aber ohne.

Zu C-Dur passt gut a-Moll. Die Dur-Griffe schreibt man mit großen, die Moll-Griffe mit kleinen Buchstaben.

e-Moll passt gut zu G-Dur.

Die rechte Hand schlägt die Saiten schön im Takt. Wer besonders fein spielen will, zupft sie mit den Fingern. Dann geht's los …

Linkshänder müssen die Saiten der Gitarre genau andersherum aufziehen: Die höchste Saite ist – wenn man vor der Gitarre steht – links, die tiefe E-Saite ist rechts. Welche Finger bei welchem Griff wo dran sind, ändert sich natürlich nicht.

Klavier

Auch das Klavier hat Saiten, aber man sieht sie nur, wenn man den Deckel aufmacht, man berührt sie nicht: Kleine Hämmerchen schlagen auf die Saiten und lassen sie schwingen, das gibt den Ton. Schön am Klavier ist, dass man alle Töne nebeneinander sieht: die Tasten. Jede Taste ein Ton. Schön ist außerdem, dass man gleichzeitig, also mit jedem Finger, einen Ton spielen kann, das ist dann fast schon Krach. Man fängt daher am besten mit wenigen Fingern (und Tönen) an und steigert sich. Wenn man viel übt, kann man berühmt werden, was manche allerdings auch ohne viel Üben schaffen: die deutschen Superstars.

Letztlich kann einem das Berühmtsein ziemlich wurscht sein, weil das Klavier auch so Spaß macht. Es ist schön drauf rumzuklimpern, Bilder und Stimmungen in Töne zu übersetzen, und mit etwas Geduld und Spucke kann man wunderschöne Lieder spielen. Dann hat man auch Glück bei den Frauen (Mädels, Jungs ...).

Heute heißt das Klavier auch gerne Keyboard, das ist kleiner, billiger und elektr(on)isch, macht aber nicht viel Unterschied.

Kinder dürfen klimpern. Nicht immer, aber oft, nachts nicht so oft. Den allerallertiefsten Ton ausprobieren und den klitzekleinsten ganz ganz ganz hoch oben. Und natürlich alle dazwischen und die dann auch noch gleichzeitig. Das sind Experimente (wenn jemand fragt), ,akustische Versuchsreihen'.

Berühmte Tonsetzer, also die Komponisten, die die Musikstücke geschrieben haben, machen das: etwas mit Tönen ausdrücken, Bilder in Musik übersetzen. Zum Beispiel Knecht Ruprecht, ein düsterer, Furcht einflößender Geselle, der mit schweren Stiefeln durch die Nacht stapft. Und dann kommen die Englein: Zarte Geschöpfe, die im Himmel zwischen den Wolken schweben, probier das mal aus auf dem Klavier!

Sehr schön klimpert es, wenn man nur die schwarzen Tasten verwendet. Das sind pro Oktave immer fünf, heißt griechisch: pente, Fünfton ist also Pentatonik. Der Flohwalzer geht (fast) nur auf den schwarzen Tasten, ist aber absolut null Pentatonik.

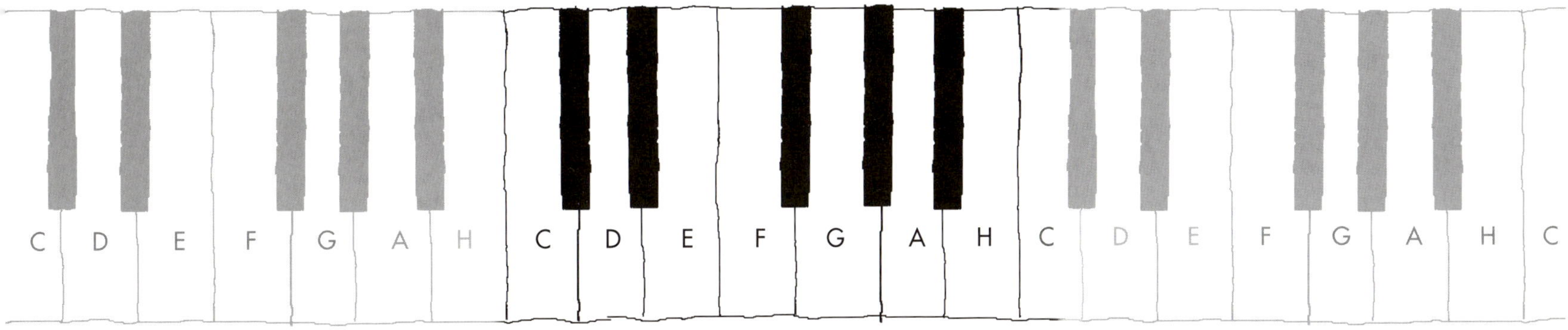

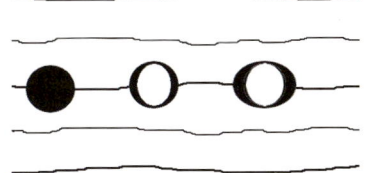

Alle weißen Tasten, von einem C zum nächsten, bilden die C-Dur Tonleiter. Mit dem hohen C fängt die nächste Tonleiter an, beim tiefen endet die tiefere Tonleiter und so weiter. Die Töne haben also Namen, man schreibt sie aber nicht mit Namen, sondern als kleine Knubbel auf oder zwischen den fünf Notenlinien. Das C in der Mitte des Klaviers ist das eingestrichene C. Andere Tonleitern fangen mit anderen Tönen an, und dann kommen auch die schwarzen Tasten dran.

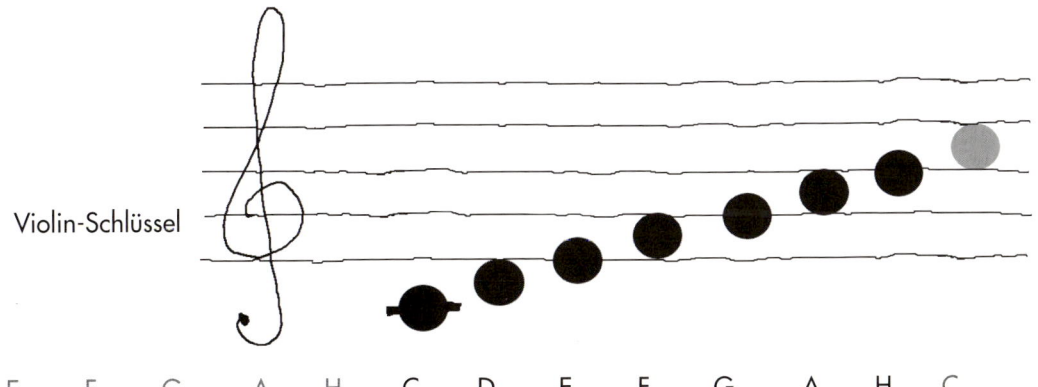

Violin-Schlüssel

E   F   G   A   H   C   D   E   F   G   A   H   C

viertel , halbe und ganze Note

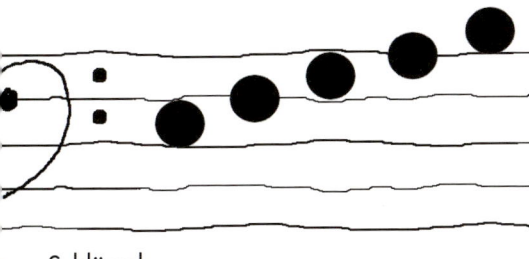

Bass-Schlüssel

Am Anfang der Notenlinie wird ein Schlüssel hingesetzt: Der Violin-Schlüssel ist für die Noten, die höher sind als das eingestrichene C, der Bass-Schlüssel für die tieferen. Auch die Länge des Tones wird mit den Noten ausgedrückt. Ein schwarzer Knopf ist eine viertel Note, ein weißer eine halbe, ein fetter Knubbel ein ganzer Ton. Aber das ist erst der Anfang.

Es gibt Pausen, kleine Triller, Halbtonschritte und Triolen; kommt Zeit, kommt alles andere. Nur eines sollte schon von Anfang an da sein: der Spaß. Und jetzt spiel ein kleines Stück. Ein ganz kleines.

ich und du

Futura Oblique*

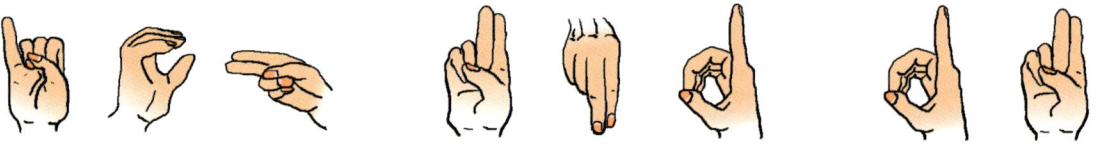

Finger-ABC*

Blindenschrift*

Kommunikation

Wir beide

Was ist ‚Kommunikation'? Man hört das immer wieder, auch zusammen mit ‚Tele' – Telekommunikation*. Tele ist griechisch und heißt fern. Telefon zum Beispiel ist der Klang, der auch auf die Entfernung (ziemlich) gut zu hören ist: Tele-phon. Kommunikation meint: sich austauschen, reden, quatschen, deuten, dem anderen was mitteilen, von einem zum anderen, vom Sender zum Empfänger. Der eine schickt's weg – egal wie –, der andere erhält es – auch erstmal egal, ob mit den Ohren, Augen, Fingern. Das ist Kommunikation. Da gibt's natürlich 1.000 Arten: Handys, Briefe, Befehle, Geschrei, Gesten, Songs ...

Rechts auf der Seite sind die Bilder von Sendern und Empfängern vermischt, wie's im Leben so geht, alle reden durcheinander, keiner versteht was, aber irgendwie weiß schon jeder, wer und was gemeint ist. Findest du heraus, wer wem was mitteilt? (Kleiner Tipp: Das Bild ist in der Mitte geteilt – in den zwei linken Spalten sind die Sender, in den rechten Spalten die Empfänger.)

Bei diesem Sender-Empfänger-Verhältnis passt irgendwie alles rein. Das ist für manche Erklärung praktisch. Es kommt also schon noch sehr darauf an, *was* man (sich) zu sagen hat.

Ohne das Telefon hätte sich das ganze Kommunikations-Gedönse wahrscheinlich gar nicht so wichtig machen können. Und die Telefontechnik ist ja eine feine Sache: Die Schallschwingungen werden elektrisch umgesetzt, auf diese Weise übertragen, und dann beim Empfänger wieder in akustische Schwingungen umgewandelt. Ein Schnurtelefon braucht diese Übersetzung nicht. Die Schwingungen werden durch die gespannte Schnur direkt übertragen. Es funktioniert aber nur, wenn die Schnur ordentlich gespannt ist, dann aber erstaunlich gut.

Signale

Signale sind Zeichen. Zeichen, die etwas bedeuten. Mit den Zeichen sagen wir etwas, ohne zu sprechen, wir deuten: Gib mir das! Lass das! Zeichen sind überall: Stop, Ausgang, Einbahnstraße, Coca-Cola, Halteverbot, Vorsicht – brennbare Flüssigkeit, Rotes Kreuz, Tod, @, Herz, Plus, Minus, Ausrufezeichen, Fragezeichen, SOS. SOS? SOS heißt: Hilfe, helft mir! Es ist die Abkürzung für: Save our souls! Das ist Englisch und bedeutet: Rettet unsere Seelen! SOS besteht aus drei Buchstaben und drei Zeichen: drei kurz, drei lang, drei kurz. Das ist die Morse-Sprache, das Morse-Alphabet. Samuel Morse hat für jeden Buchstaben ein Zeichen erfunden und für jedes Zeichen nur zwei Bausteine verwendet: kurz oder lang, Punkt oder Strich.

Heute ist das Morse-Alphabet nicht mehr wichtig. Von überall auf der Welt kann man fast immer überallhin telefonieren oder mailen. Nur eins ist merkwürdig: Die Sprache der modernen Kommunikation, die Computersprache, besteht wie das Morse-Alphabet auch nur aus zwei Zeichen: Null und Eins, der digitale Code. Aber das ist eine andere Geschichte ...

Pass bei der Morse-Anlage genau auf, wie die Kabel laufen, wohin welches Kabel führt, und wo welches endet!

Morse-Signale kann man sehen – wenn sie mit einer Lampe geblinkt werden, das hat schon manchem Bergsteiger das Leben gerettet. Sie können aber auch elektrisch übertragen werden, mit einem Kabel oder per Funk, also durch die Luft – das war der Anfang der modernen Telekommunikation. Die Funker saßen auf dem Schiff und konnten mit fernen Häfen und Ankerplätzen Botschaften austauschen.

Bis vor kurzem sah man auf dem Land noch die Telegrafenleitungen, heute gibt's die nur noch im Western. Durch die Telegrafenleitungen kann schwacher Strom fließen – oder auch nicht. Ein kurzer Stromfluss ist ein Punkt, ein langer ein Strich. So eine Anlage kannst du selber bauen. Nur auf eines musst du achten: Wenn der Sender die Zeichen gibt, muss der Empfänger seinen Stromkreis geschlossen halten, sonst funktioniert's nicht.

78

Besonders in der Schifffahrt waren die Zeichensprachen wichtig, weil man weit sehen, aber nicht so weit rufen konnte. So wurden die Botschaften mit Flaggen ausgetauscht. Entweder mit zwei gleichen Flaggen, die unterschiedlich gehalten wurden, oder mit den bunten Flaggen wie die rechts. Nur eine Flagge war sehr eindeutig ...

Huch, nichts wie weg!

Anruf und Antwort

Kabelleger haben die Kontinente miteinander verbunden. Telegrafisch und telefonisch.

Man sollte ein Zeichen verabreden, wenn die Botschaft des Senders beendet ist. Dann kann der Empfänger eine Bestätigung schicken oder selber was senden. Die echten Piloten sagen „roger!". Das ist cool, aber dauert. Ein kurzes Zeichen könnt ihr selber erfinden, die echten Zeichen stehen hier:

A ·—	G ——·	N —·	T —	Z ——··	7 ——···
Ä ·—·—	H ····	O ———	U ··—	1 ·————	8 ———··
B —···	I ··	Ö ———·	Ü ··——	2 ··———	9 ————·
C —·—·	J ·———	P ·——·	V ···—	3 ···——	0 —————
D —··	K —·—	Q ——·—	W ·——	4 ····—	
E ·	L ·—··	R ·—·	X —··—	5 ·····	Verstanden ·—·—·
F ··—·	M ——	S ···	Y —·——	6 —····	Ende ···—·—

Schrift

Wer etwas zu sagen hat, kann das auch schreiben. Sehr praktisch. Weil's alle mitbekommen, und man nicht laut rumschreien muss. Lesen müssen die anderen das Zeug aber schon, das war anfangs noch einfach: Ein Strich heißt eins, zwei Striche zwei und so weiter. Für einen Hirsch wurde ein Hirsch gezeichnet, für einen Berg ein Berg, fürs Gehen zwei Füße; schwierig wurde die Sache zum Beispiel bei ‚Licht'. Je mehr Sachen es gab, Gedanken, Aufgaben und Entscheidungen, desto mehr Zeichen wurden gebraucht. So lösten sich die Zeichen allmählich von den Dingen und wurden Zeichen für die Laute der Sprache.

Die kennst du: A, E, I , O und U. Das sind die Selbstlaute. Dazu kommt noch das R, das S, das M, das T und das W und alle anderen Laute, die nur ganz leise klingen, wenn man keinen Selbstlaut* dazu sagt. In den verschiedenen Sprachen gibt es ein paar Abwandlungen: Die Deutschen haben das Ö und das Ü, die Engländer lispeln, und die Franzosen sprechen gelegentlich durch die Nase. Im Großen und Ganzen reichen für die Laute so um die 25 Zeichen. Ein paar Völker haben aber ihre alten Zeichensprachen behalten: zum Beispiel die Chinesen.

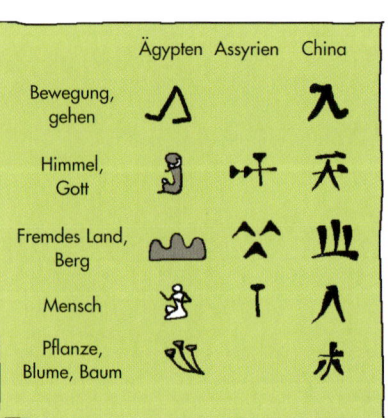

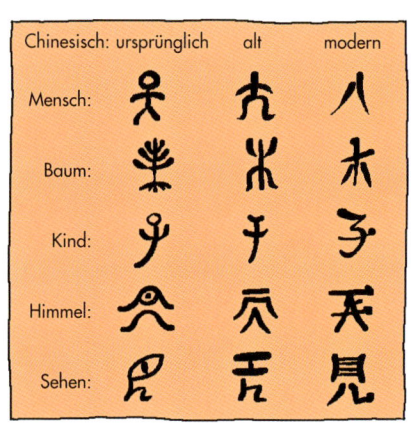

Die ersten Schriftzeichen gleichen sich so ziemlich überall auf der Welt. Dann bilden sich die einzelnen Schriften heraus: Erst sind es Bildzeichen, die – wie hier im Chinesischen – immer einfacher werden. Oft stehen sie nur noch für die Laute der gesprochenen Sprache.

Wer etwas schreibt, will auch mal gerne das Geschriebene vor anderen verstecken, es muss ja nicht jeder wissen, was draufsteht. Ein Trick: Schreib mit Zitronensaft! Die Schrift ist nicht mehr zu sehen, und nur wer Bescheid weiß, dass auf dem Blatt etwas steht, kann es lesen. Das Papier muss erwärmt werden, über einer Kerze oder unterm Bügeleisen!

Dieses Buch ist einmal geschrieben worden, aber das Buch, das du in der Hand hältst, ist gedruckt. Es ist wie beim Kartoffeldruck: Einmal die Form geschnitzt, muss nur noch ein bisschen Farbe drauf, und dann wird gedruckt und gedruckt und gedruckt …

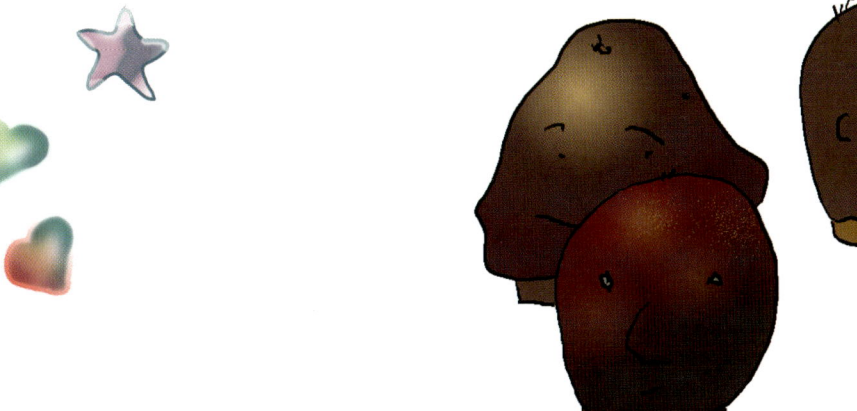

Wer ein Buch schreiben will, sollte mal mit einer kleinen Geschichte anfangen, etwas Überschaubarem. Man kann ja zum Beispiel eine bekannte Geschichte nacherzählen.

Der allererste Buchstabe sollte schön groß und bunt sein, man nennt sowas eine Initiale. Bilder machen Stimmung und Spaß zu malen.

Man kann die Buchseiten schön ordentlich aufbauen, das heißt dann ,im Satzspiegel'*, oder man gestaltet alles kunterbunt, nichts ist verboten.

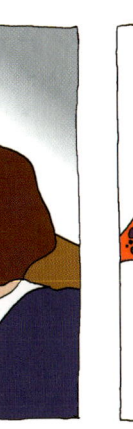

Bücher werden zum Schluss gebunden. Praktisch ist es, wenn die Seiten so angelegt sind, dass man sie am Ende nur noch in der Mitte zusammenbinden muss. Das ist aber ein wenig kompliziert: Man muss vorher wissen, wie viele Seiten es werden, und die Seitenzahl muss durch vier zu teilen sein. So viele Papier-

bögen braucht man. Am besten macht man sich ein kleines Probeheftchen und nummeriert es durch. Wenn man die Bögen einzeln hat, weiß man, dass zum Beispiel die erste Seite links neben der letzten steht, hinter der ersten liegt die Seite zwei, die links neben der vorletzten steht und so weiter. Zum Schluss alles

in der Mitte falzen, mit dem Faden zusammennähen, und vorne muss ein schöner Umschlag sein. Wem das alles zu kompliziert ist, nimmt einzelne Seiten, einen Hefter, zwickt die Seiten zusammen und klebt am Rücken ein buntes Klebeband, so geht's ja schließlich auch.

Foto

Ein Bild sagt mehr als tausend Worte. Sagt man. Natürlich kann man Bilder malen. Das kannst du, da brauch ich nix zu erzählen. Fotografieren ist eine andere Sache. Das ist aufregend und irgendwie auch einfacher als malen. Man muss ja nur die Kamera draufhalten (das sagen die Fachleute: die Kamera auf das, was man fotografieren will, ‚draufhalten'). Das geht mittlerweile schnell, ist einfach und nicht sonderlich teuer. Früher war das anders. Man musste unter ein Tuch krabbeln und dann Glasplatten austauschen, warten (bis die Leute, die man fotografiert hat, einen steifen Hals gekriegt haben), und dann ab in die Dunkelkammer, Film entwickeln, Bilder abziehen, trocknen, anschauen, sich freuen, mehr Bilder abziehen, rumexperimentieren, mit Licht, Entwickler, Zeit und Geduld …

Heute gibt es kaum noch Dunkelkammern. Die Bilder werden in großen Labors entwickelt oder gar nicht mehr: Es sind Computerbilder. Und die machen ja bekanntlich alles selber: Fotos, Ausschnitte, Farben, Abzüge. Das ist praktisch. Aber die kleinen Experimente in der Dunkelkammer bleiben außen vor. Schade.

Fotos sind Ausschnitte von dem, was man sieht. Bau dir deinen Ausschnitt, und schau die Welt durch die Fingerlinse an. Alles kriegt seine eigene Bedeutung.

Die Welt ist voller Motive*. Wird etwas zum Motiv, ändert es sich, sein Wesen. Dinge, die einfach da waren, eine Lampe zum Beispiel, bekommen auf einmal – als Foto – eine Bedeutung. Warum?

Ferien ergeben fast immer gelungene Fotos, weil man sich gerne erinnert: Quatsch machen am Meer, Pizza mampfen und mit dem Boot auf eine kleine Insel fahren. Das gibt gute Bilder und, wenn die Sonne im Rücken ist, auch schöne Farben.

Wer wirklich tolle Fotos machen will, geht nie ohne Fotoapparat aus dem Haus und kuckt sich die Welt wie durch die Kamera an: Spannend sind Gegenlichtaufnahmen*, zum Beispiel ein kleiner Hund in einem dunklen Torbogen …

das Schwarzweiß-Negativ

Losgegangen ist die ganze Fotografiererei in schwarz-weiß, oder, um ganz genau zu sein: negativ. Weil Licht das Silber schwarz macht, wird alles, was in Wirklichkeit hell ist, auf einer dünnen Silberschicht dunkel, alles, was von Natur aus dunkel ist, wird nicht schwarz, sondern bleibt hell – so entsteht ein Negativ, alles ist verkehrt.

das Schwarzweiß-Positiv

Wenn jetzt alles nochmal verkehrt, also das Negativ durchleuchtet wird, stimmt's wieder: Alles, was auf dem Negativ dunkel ist, wird hell, und das Helle wird dunkel. Das helle Gesicht des Mädchens in der Mitte war auf dem Negativ eine schwarze Maske, auf dem Positiv ist es wieder hell – das nennt man Fotografie.

das Farb-Positiv

Später sind die Farben dazugekommen.

das digital* berarbeitete Bild

Und mittlerweile haben viele eine Digital-Kamera. Da kann man alle Farben und Formen verändern, wie man will.

Jedes Bild erzählt eine Geschichte, man kann aber natürlich auch mit Bildern eine Geschichte erzählen und mit Fotos einen Fotoroman. Als Erstes braucht man eine Idee und ein tolles Titelbild.

Geschichten mit Raumschiffen, Dinosauriern, Monstern und Riesenechsen kann man mit Playmos und anderen Figuren nachstellen und fotografieren, spannende Alltagsgeschichten gehen natürlich auch.

Wenn der Leser schön in die Geschichte geführt wird, dass er auch alles versteht, und wenn's dann total spannend wird, und dann kommt noch der große Knall: Dann hast du gewonnen.

Die Bilder müssen entwickelt werden und danach der Reihe nach – so wie du es dir vorgestellt hast – mit dem Text auf die Buchseiten geklebt werden. Nun tackerst du alles zusammen und bist Buchautor.

Film

Heute ist sogar Filmen ein Kinderspiel, allerdings ein teures – obwohl: Soooo teuer ist es auch wieder nicht, es braucht jetzt nicht mal mehr das teure Filmmaterial, das geht heute alles – jetzt kommt das Zauberwort! – digital. Das DV-Band* in der Kamera kann immer wieder überspielt werden. Im Computer kann man die besten Szenen zusammenschneiden. Dann hat man ein kleines Filmchen, und das Band ist frei für neue Aufnahmen, Bilder in bester Qualität, eben digital.

Das zweite Zauberwort heißt Autofocus*. Wie das menschliche Auge stellt sich die Kamera auf die jeweilige Entfernung automatisch ein. Das war nicht immer so, früher musste die Entfernung zu den Dingen, die man gefilmt hat, ausgemessen werden, und dann musste das Kamera-Auge, das Objektiv*, auf diese Entfernung eingestellt werden, sonst war das Bild nicht scharf.

Das dritte Zauberwort heißt: Zoom. Mit dem Zoom können die Dinge, die man filmen will, herangeholt oder weggeschoben werden. Kleines wird groß, Großes klein, kein Zauberwort, das ist wirklich Zauber, zauberhaft schön, aufregend! Selber machen!

Das ist eine Totale. So heißen die ganz großen Bilder, riesige Landschaften mit viel Himmel, alles andere ist klein, unbedeutend, die Menschen zählen nicht – oder doch? So fangen Filme an, so hören sie auf. Macht Stimmung.

Die Halbtotale ist normal: Menschen sieht man, wie sie was tun, wie sie reden, streiten, schmusen oder im Auto sitzen und die anderen beobachten. Lauter normale Sachen eben, nicht zu groß, nicht zu klein, nix verzerrt oder verdreht, alles normal.

Bei der Nahaufnahme wird's spannend. Wenn die Gesichter so nah rangeholt werden, passiert meistens was. Die Augen verraten die Spannung und der Atem ist zu hören. Manche filmen so auch Käfer, das sind die Tierfilmer. Ein Käfer von ganz nah ist schon eine Makroaufnahme*.

Die Zeichen hier oben kennen wir vom Video- und Kassettenrecorder: zurück- und vorspulen, spielen, Pause und Stop. Im Monitor kannst du sehen, was du gerade gefilmt hast.

Wer nicht durch den Monitor schauen will, kann auch hier durch den Sucher schauen.

In die Linse hier vorne (die man jetzt nicht sieht) sollte man besser nicht mit den Fingern reingrapschen.

Das ist der Knopf der Knöpfe: Movie (das heißt: filmen), Photo (das sind einzelne Bilder), Play (das heißt wieder abspielen) und Off: aus die Maus.

Im Monitor sieht man, was gefilmt wird, man erhält auch noch einige technische Informationen.

Das ist der Knopf, mit dem das Fach für das Filmband zum Austauschen, Anschauen oder Prüfen geöffnet wird.

Der grüne Tragegriff

Der Akku* reicht für eine Viertelstunde Filmen, dann muss er wieder aufgeladen werden.

Das ist kein Zauberwort, sondern ein Zauberstück: ein moderner Camcorder, eine digitale Kamera. Die Bilder werden nicht auf einen Film oder ein Magnetband gespielt, sondern direkt in elektronische Signale verwandelt, die berühmten Nullen und Einsen. Jeder kann sein Filmchen drehen, aber nicht alles muss man vorführen. Für den Anfang gibt's eine Regel: Halt die Kamera schön ruhig, sonst wackelt das Bild, und dann wackelt es im Kopf. Zu viel Geruckel kann man nicht anschauen. Aber das kriegst du mit der Zeit alles raus.

Der Deckel sollte immer auf der Linse sein. Außer beim Filmen, denn dann geht da gar nichts.

Die Vogelperspektive kommt – wie die Vögel – von oben. Sie verschafft einen erhabenen Überblick, dass einem schwindelig werden kann. Und plötzlich sieht alles verlassen aus, keiner mehr da, und du ganz allein auf der Welt, obwohl …

Die Froschperspektive kommt von unten aus dem Reich der Frösche. Alles wirkt groß, vor allem die anderen sind größer, fast alles Riesen. Das wirkt bedrohlich. Für die Kinder ist das wie im richtigen Leben mit den Großen: Alles Riesen.

Die Western-Perspektive ist fies, sie ist genau in Colthöhe. Man spürt, wie die Hand des Gauners zur Pistole greift, aber der Gute im Hintergrund ist schneller. Oder doch nicht? Ist wurscht, am Ende siegen die Guten.

Theater

„Mach nicht so ein Theater!", sagen sie und meinen, man soll sich nicht ‚so aufführen'. Warum eigentlich nicht, Aufführungen können schön sein. Und wo ist die Bühne? Überall, kommt nur darauf an, wer spielt. Menschen? Puppen? Marionetten? Ganz egal, Hauptsache, es ist spannend, es wird geweint und gelacht, und nachher gibt's Applaus.

Wer baut die Puppen, wer macht die schönsten Kostüme? Keine Frage, alle helfen zusammen. Wo sind die Regeln? Nirgendwo. Kochlöffel werden Puppen, und Eierkartons verwandeln sich in Vogelmasken, Wolle wird Haar, Fell zur Frisur, Fetzen werden Roben, Schachteln Nilpferdbäuche, Knöpfe Augen und die Bretter die Welt.

Wer selber spielt, plündert alle Kleiderschränke, baut aus Papiermüllsäcken eine Ritterrüstung, aus Regenschirmen Laserkanonen und aus Betttüchern Turbane.

Wer die kleinen Puppen tanzen lässt, gibt ihnen einen kleinen aber feinen Rahmen. Dann müssen die Schauspieler raus auf die Bühne und: Seid ihr alle da? Jaaaa!!!!!! Dann fangt mal an.

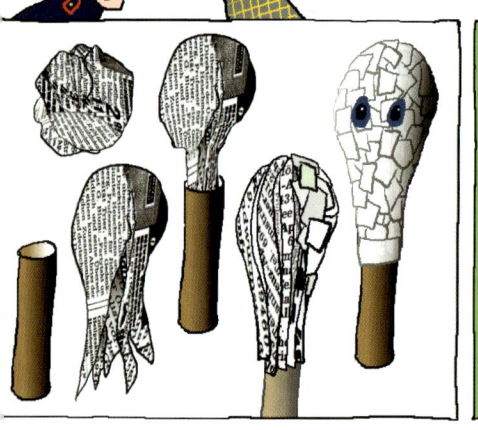

Zeitungspapier mit Tapetenkleister bestreichen und zu einer Kugel knüllen, nochmal einen Bogen drüber, bestreichen und in die Klopapier- oder Haushaltsrollen stecken. Streifen und weiße Schnipsel drüberkleben, zwei Tage warten. Augen, Haare, Kleider dran und spielen!

Die Marionettenpuppen werden aus leeren kleinen Schachteln gemacht, die mit Fäden und einem quer gestellten Zündholz an der großen Körperschachtel so festgemacht werden, dass sie noch schön rumwackeln können. Alle Knoten noch gut verkleben!

Blick auf die Puppenbühne, die außen schön bemalt wird. Finger- und Drahtpuppen auf Pappe malen und ausschneiden, Ring oder Blumendraht befestigen, und los geht's. Gut gehen auch Kochlöffel und Holzkugeln mit Draht und ein schickes Kleid drüber.

Für die Paradiesvogelzaubermaske ein äußeres Paar vom Eierkarton an der (roten) Grenze zum nächsten Paar abschneiden, und den langen Mittelsteg nach vorne ziehen, Augen in die Kuppeln schneiden, Federn ankleben, bemalen, und das Gummiband festknoten.

und sonst so ...

Kiste
Tipps
Register

Die Kiste

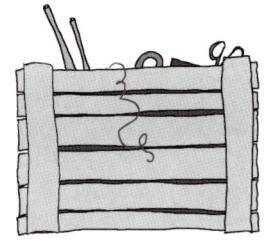

In diesem Buch braucht man immer wieder allerlei: Gurkengläser und Ferngläser, Flachbatterien, Bohnen und Luftballons. Alles kommt vor, wird zerlegt, zerschnibbelt oder auch nur aufgestellt. Das hat man nicht alles zu Hause, da muss man suchen, und irgendwo wird man fündig.

Deshalb hier der Ratschlag: Wissenschaftler haben ein Labor, ein Studio oder irgendeine Abstellkammer, wo sie die Sachen aufbewahren, die sie so brauchen, und du brauchst das auch: ein paar Sachen zum Arbeiten und Experimentieren. Auch gelegentlich das eine oder andere Werkzeug, das gibt's vielleicht zu Hause oder in Onkel Freds Werkzeugkiste, aber bitte vor Gebrauch erst mal kurz nachfragen, sonst gibt's Ärger.

Außerdem findest du im Haushalt immer sehr wichtige Dinge, die einfach weggeschmissen werden: die Papprollen vom Klopapier zum Beispiel. Da soll man sich mal ein paar aufheben, aber natürlich in Maßen. Schließlich hat man kein Warenlager zu Hause. Und dann gibt es noch ein paar ganz erlesene feine Dinge, die wären was für Opa und Weihnachten: ein Mikroskop, zum Beispiel ...

Das sieht nicht nur aus wie Müll, das ist auch meistens Müll und wird weggeworfen. Du solltest trotzdem von jeder Sorte ein paar Stück aufbewahren, es sind super Experimentier- und Wissenschaftsstücke, die im Haushalt immer irgendwo anfallen: Marmeladengläser, Plastikdosen, Kartons und Pappe, kleine Schächtelchen, Milchkartons, PET-Plastikflaschen, Joghurtbecher, Korken, Eierkartons, Reinigungskleiderbügel, Stoff- und Fellreste, Klopapier- und Haushaltsrollen-Papprohre. Aber: Alles muss sauber sein, vor allem da, wo Essen drin war. Ansonsten: keine Müllsammlung veranstalten. Es muss ja auch noch Platz für die Wissenschaft bleiben!

Viele Sachen aus deinem Zimmer kannst du als Forscher gut gebrauchen: Knete, Luftballons (auch wenn sie kaputt sind), Murmeln, Farbe, Pinsel und Buntpapier. Vielleicht hast du auch Seidenpapier und eine Drachenschnur, die kommen auch dran hier im Buch.

In jedem guten Schreibtisch gibt es Stifte und Papier, Kleber, Klebeband, Büroklammern und eine Schere, Reißnägel (die man nicht auf dem Boden liegen lassen sollte) und Gummibändchen. Und wie immer: Aufpassen bei spitzen Scheren und allem, was piekt, schneidet oder sonstwie scharf und gefährlich ist!

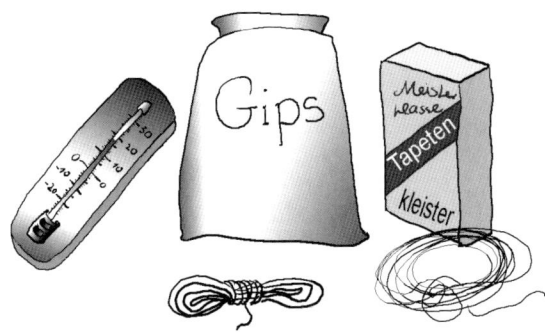

In der Küche gibt es viele nützliche Sachen: Schaschlikspieße aus Holz, jede Menge Strohhalme, Pergamentpapier und Kochlöffel, Bohnen, verschließbare Gläser, Teelichter, Wäscheklammern, Plastikbecher und Papierteller. Natürlich gibt es da auch ein kleines, scharfes Messerchen, aber damit musst du sehr vorsichtig sein!

Fragen muss man natürlich schon, ob man das Zeug auch mal kurz (oder länger) nehmen kann. Väter sind auf ihre Werkzeugkiste meistens stolz und lassen keinen ran. Obwohl es da so interessante Dinge gibt wie Draht, Tapetenkleister, Gips, ein Thermometer und jede Menge Schnur. Aber fragen kostet ja nichts.

Ein paar Dinge muss man sich aber für die Forscherlaufbahn erstmal anschaffen: Ein Forscherbuch, in dem wichtige Ergebnisse notiert werden, eine oder zwei 4,5-Watt-Flachbatterien, dazu ein paar Krokodilklemmen, 3,5 Watt Glühbirnchen mit Fassung und etwas Klingeldraht, einen

Magneten, Lebensmittelfarben, einen Spiegel. Und für die große Forscherlaufbahn wären da noch ein Tonbandgerät und ein kleiner Kompass. Es gibt günstige Fotoapparate, und für deinen Geburtstag oder eine andere Gelegenheit als wirklich ganz großes Geschenk ein Fernrohr oder ein Mikroskop.

Manchmal aber bekommt man nirgendwo so wichtiges Forscherwerkzeug. Da hilft dann das Internet. Der Shop im Deutschen Museum hilft unter **www.deutsches-museum-shop.com** weiter. Nicht bei Reinigungskleiderbügeln, aber bei allem, was hier in diesem Kasten oben drüber abgebildet ist.

Tipps

Im Buch sind eine Menge Versuche beschrieben. Damit alles schön übersichtlich bleibt, die Versuche also da stehen, wo sie hingehören, sind die notwendigen Ergänzungen hier hinten ans Ende des Buchs gerutscht. Das ist nicht schlimm, Hauptsache, die Experimente klappen und regen an. Zum Forschen und Staunen. Wer gerne staunt, muss irgendwann wissen, wie alles eigentlich funktioniert.

Seite 14 Den Kiefernzapfen am besten draußen und vor Regen geschützt aufstellen. Zimmer haben ein eigenes Klima und ihre eigene Trockenheit und Feuchtigkeit.

Seite 17 Barometer: Das Ende in der Mitte des Ballons festkleben, das Hoch drückt den Ballon ein und das freie Ende der Schaschliknadel nach oben. Dabei muss die Temperatur gleich bleiben, sonst drückt die warme Luft den Ballon nach oben. Also am besten ab in den Keller!

Seite 18 Für das selbst gemachte Speise-Eis mit Tesafilm Stützstreifen über den Becher kleben, damit der Löffel gerade in der Masse stecken bleibt.

Seite 19 Einen bunten Papierstreifen ausschneiden: 1 cm breit und 5 cm lang, der Länge nach einrollen und an einer Seite mit einem ungefähr 10 cm langen Faden zusammenbinden. Das andere Ende des Fadens in eine Muschel kleben, die Rolle reinlegen, Wasser einfüllen und ab ins Gefrierfach damit. Gefroren in ein Wasserbecken legen und warten, wie die Blume langsam aus der Muschel steigt.

Seite 26 Das Loch in der Röhre nicht mittig, sondern nach oben setzen, damit kein Wasser ungewollt austritt. Spülmittel-Tabs, zum Beispiel Esbit-Tabs, machen mehr Hitze, brennen aber das Boot nicht an. Eine Styroporunterlage macht den Schiffskörper leicht.

Seite 27 Im Blumentopf kleine Kerben für die Achse nicht vergessen, Blumentopf mit Stein(en) beschweren. Achse des Überraschungseier-Wasserrads auch mit Dübeln fixieren.

Seite 30 Pro Person ungefähr 125 Gramm Spaghetti. Beim Kochen mit einer Gabel eine Nudel zum Testen rausfischen und abkühlen. Wenn gleich gegessen wird, die Nudeln nicht mit kaltem Wasser abschrecken.

Seite 35 Die Flaschenzüge müssen irgendwo eingehängt werden. Türrahmen sind natürlich gut, aber nicht immer erlaubt. Auf dem Dachboden gibt es Balken. Letztlich kann aber auch ein Schrank oder Regal mal ein Schräubchen verkraften. Ist schwierig, den Erwachsenen zu verklickern, aber der Ingenieur wächst mit der Herausforderung.

Seite 37 Schaufelraddampfer-Flasche mit etwas Wasser füllen, das macht das Schiff stabiler. In die Mitte der beiden Schaufeln einen Schlitz bis zur Mitte schneiden, sie senkrecht gegeneinander stecken und in das Gummiband legen.
Den Wassereimer erstmal nur zur Hälfte füllen! Vorsicht ist die Mutter der Porzellankiste.
Das Hütchen für das Stehaufmännchen aus einem Viertelkreis, also einem halben Halbkreis, schneiden. Den Durchmesser ausprobieren und auf das halbe Ei stecken. Die Knete genau in die Mitte unten drücken. Zum Schluss ein Gesicht draufmalen und hinten eine Feder als Frisur anbringen.

Seite 38 Auch aus einer PET-Flasche lässt sich ein Segelboot bauen, der Kiel (Milchkarton mit Knete angeklebt) hält das Schiff auf Kurs. Bei der Walnuss kann auch ein Kiel aus Papier (mit Knete oder Kleber fixiert) für Stabilität sorgen.
Für das Plastikröhrchen beim Windrad eine Scheibe vom Plastikdübel abschneiden und damit das Rad auf Abstand zum Stöckchen halten.

Seite 39 Drachen bauen ist eine Kunst für sich, das heißt natürlich auch: durchaus erlernbar. Wie man die Stangen genau verbindet und die Seile festknotet, ist eine Wissenschaft, hier muss jeder seine Erfahrungen machen oder Knoten- und Drachenbaubücher besorgen. Aber: Was auf Seite 39 steht, ist ein guter Anfang! Beim Starten den Drachen steil gegen den Wind stellen, wenn er oben ist, legt er sich selber in die richtige Richtung.
Beim Heißluftballon aufpassen, dass das Papier nicht anbrennt. Er sollte in geeigneter Gegend aufsteigen: trockenes Flussbecken, Kiesgrube oder so.

Seite 42 Korkscheibe einfach vom Flaschenkorken abschneiden, helfen lassen! Auch beim Durchstechen der Nadel.

Seite 44   Bei den Kabeln die Plastikisolierung am Ende ein Stück weit abzwirbeln und dann festkleben oder mit einer Krokodilklemme anzwicken. Mit dem freien Ende den anderen Pol der Batterie anstupfen.

Seite 49   Beim Glasfenster darauf achten, dass genug schwarze Stege für die Festigkeit des Fensters bleiben.
Für das Periskop eine Seite des Kartons unten einschneiden, die gegenüberliegende oben. Erst einen Spiegel festkleben. Für den zweiten Spiegel den Winkel ausprobieren, bevor man ihn endgültig festklebt. Ganz toll zum Periskopbauen sind die Kartons von Plotterpapier. Sie sind lang und schön schmal und bleiben in Grafik- und Architekturbüros übrig.
Gute Maße für das Kaleidoskop: Pappröhre 25 cm lang, Durchmesser der Röhre wie Scheiben: 5 cm Spiegelstreifen, 24 cm lang, Rest für den Perlenaufsatz (zuerst innen klares Glas, dann Perlen, dann Milchglas). Edelsteine vom Juwelier sind ziemlich teuer. Besser: Glasperlen aus dem Bastel- oder Spielwarengeschäft.

Seite 50   Schattentheater: Jeder Spieler hat zwei Hände, kann also entweder zwei starre Puppen oder eine mit einer beweglichen Mütze, Hand, Nase usw. halten. Auch eine Schreibtischlampe eignet sich als Schattenleuchte. Kulissen werden aus Karton ausgeschnitten und machen Stimmung.

Seite 51   Bei der Sonnenuhr zuerst prüfen, wo die Sonne den ganzen Tag über scheint. Eine klitzekleine Sonnenuhr geht natürlich auch: zum Beispiel einen Bleistift in einen Spitzer stecken.
Für den Pflanzversuch entweder Plastikschüssel (zum Beispiel für Foto-Entwickler) oder flachen Karton mit Folie auslegen. Katzenklo nur, wenn es nicht benutzt wird.

Seite 54   Für die Lochkamera in eine Schmalseite des Kartons den kleinen Einblick und gegenüber die kreisrunde Öffnung schneiden, in die man am besten eine Konservendose steckt, bei der man in den Boden ein kleines Loch piekst (Durchmesser 1 bis 2 mm), auf die andere Seite das Pergament straff aufzieht. Sehen kann man durch den Einblick nur recht helle Dinge (kopfüber). Neben der Röhre darf kein Licht in den Karton eindringen, also die Ränder schön mit Klebeband abdichten.

Seite 57   Das Brennglas muss stark sein, ein Fadenzähler aus dem grafischen Bereich ist gut, schwarzes Papier ist leichter entflammbar. Wassertropfen für Lupe auf Folie tropfen, diese über einen Pappring (mit Griff/Halter) ziehen.

Seite 58   Nur einen Durchblick verwenden, den anderen zukleben.

Seite 64   Papp-Trichter bauen: Wie auf Seite 37 für das Stehaufmännchen beschrieben, aber natürlich viel, viel größer. Und dann noch einen ordentlichen Griff dransetzen!

Seite 70/71   Gitarrengriffe: Die nebeneinander liegenden Griffe passen immer zusammen, wobei der mittlere der Grundakkord ist. Also: Zu A passt E und D, zu D passt A und G, zu G passt D und C, zu C passt G und F – aber der ist schwer, da muss man wirklich hart ins Gitarrespielen einsteigen. Der Daumen kommt nicht auf das Griffbrett.

Seite 73   Der Hals an der Note, also der kleine Strich, der nach oben (oder unten) führt, ist hier nicht dabei, ändert aber auch nichts an der Tonhöhe oder -länge.

Seite 82   Die meisten Fotoapparate stellen Belichtung und Entfernung selbstständig ein. Man kann mit sehr einfachen und billigen Apparaten anfangen, sie sind nicht viel mehr als eine Filmrolle und eine einfache Linse.

Seite 86   Bei den Köpfen aus Zeitungspapier kann anstatt des Kleisters auch Gips genommen werden, eventuell grobe Unregelmäßigkeiten dann mit Schleifpapier glätten.
Für die Marionette kleine Schachteln von Süßigkeiten, Tabletten, Stiften usw. sammeln. Erst wenn die Sammlung reicht, überlegen, wie die einzelnen Teile zu einer Puppe zusammengesetzt werden können.
Bei der Kochlöffel-Puppe den Holzlöffel für den Arm-Draht zuerst einkerben, damit er nicht runterrutscht.

Glossar

Aggregatzustand So können die Dinge sein: gasförmig, flüssig oder fest. Die Dinge, die hier gemeint sind, nennt der Wissenschaftler ‚Stoffe'. Wie das Wasser, die Luft oder Gold. Das sind Stoffe. Auch Gold kann verdampft werden, die Luft kann flüssig gemacht werden, und das Wasser wird zu Eis, die Temperatur ist da wichtig.

Akustik nennt man die Lehre vom Klang, von den Geräuschen, dem Schall. Aber auch: den Klang in einem Saal, da kann die Akustik gut sein, dann klingt die Musik dort schön. Oder schlecht, je nachdem.

Akkord ist ein Klang aus mehr als zwei gut zusammenpassenden Tönen mit einem Grundton. Wer will, baut auch schräg klingende Akkorde.

Akku Batterien, die sich wieder aufladen lassen, sind ‚Stromsammler', kurz ‚Akkus' genannt. Sie werden über ein Ladegerät an die Steckdose angeschlossen, verwandeln den Strom in chemische Energie und können diese Energie wieder als Strom abgeben. Man sollte sie nie ganz verbrauchen, also: rechtzeitig laden!

Arbeit macht nicht immer Spaß. Im Buch ist aber die naturwissenschaftliche Sorte gemeint. Und die ist wissenschaftlich bestimmt: Wie viel (zum Beispiel Meter) schafft eine Kraft, etwa ein Motor von einem Aufzug.

Atmosphäre ist der dünne Luftmantel, in den die Erde gehüllt ist. Es ist ein griechisches Wort und heißt soviel wie ‚Dampfkugel'. Atmosphäre ist die Welt, in der man lebt, und deshalb nennt man auch die Stimmung so: Die Atmosphäre auf der Geburtstagsfeier war prima! Und ein wissenschaftliches Maß ist es auch: Druck wird in Atmosphären gemessen.

Atom ist das unteilbare, das allerallerkleinste Teil von etwas: vom Wasser, der Luft, der Erdbeere. Atome verbinden sich zu ☞ Molekülen. Mittlerweile weiß man, dass diese kleinen Teile aus noch kleineren Teilen bestehen: dem Kern und der Hülle, die wiederum ... alles eben sehr klein. Man kann auch Atome spalten. Dann kracht's gewaltig.

Auftrieb ist eine Kraft, sie treibt die Dinge nach oben und wirkt so gegen die Schwerkraft, die alles nach unten zieht. Eine Gummi-Ente zum Beispiel drückt das Wasser etwas zur Seite. Das verdrängte Wasser ist schwerer und drückt die leichtere Gummi-Ente nach oben.

Autofocus Früher musste man beim Fotografieren und Filmen die Entfernung einstellen: Wie weit das, was man aufnehmen wollte, weg war, musste man schätzen. Das macht heute der Autofocus.

Bakterien sind winzig. So klein, dass man sie nicht mit dem bloßen Auge sehen kann. Aber unter dem Mikroskop. Es gibt nützliche Bakterien, die helfen einem, gesund zu bleiben, und schädliche: Sie machen krank.

Die **Blindenschrift** wird in das Papier geprägt. Es sind kleine Hügelchen, die mit den Fingerkuppen abgetastet werden. So kann man ohne Augen lesen. Höchstens sechs Noppen bilden einen Buchstaben.

digital ist die Welt der Computer. Alles wird in winzige Teile zerlegt: Bilder, Klänge, Messergebnisse, Buchstaben, Zahlen. Rot, laut, 2.479, alles besteht nur noch aus zwei Zeichen, damit können die Computer prima, flink und lautlos arbeiten und sie dreimal in vier Sekunden um die Erde schicken.

Das **DV-Band**, das digitale Videoband zum Beispiel, ist ein Magnetband, das Bilder und Töne in Form von zwei Zeichen speichert, und dann kann man im Computer fast alles mit ihnen machen.

Elektronen sind das Allerkleinste. Und: Sie sind geladen. Sie sind Teile der ☞ Atome, aber auch selbstständig. In den Metallatomen sind sie sehr beweglich und fließen als elektrischer Strom durch die Leitungen.

Energie ist Kraft, die schläft, mögliche Kraft. Sie kann Arbeit leisten. Energie wird nicht erzeugt, sie wandelt sich: von der Wärme in Bewegung (Automotor), von der Bewegung in die Lage (der Aufzug setzt oben im 4. Stock etwas ab), von der Lage in Elektrizität (Wasser rauscht die Berge runter und treibt Turbinenräder an, sie wandeln die Bewegung in Strom um). Wer keine Energie hat, ist schlaff, muss Energie tanken und Müsli essen.

Futura Oblique Schriften unterscheiden sich und haben einen Namen. Dies hier ist die Futura, aber nicht *oblique, oblique* heißt nämlich *schräg*.

Das **Finger-ABC** ist Teil der Gebärdensprache, mit der sich Leute, die kaum oder nicht hören können, unterhalten. Und die, die mit ihnen reden.

Fliehkraft sieht man besonders schön bei den Olympischen Spielen, wenn die Hammerwerfer ihr Gerät durch die Gegend schmeißen. Je schneller sich der Werfer vor dem Wurf dreht, desto stärker drängt die Kugel weg vom Drehmittelpunkt hin zum ... (Weltrekord?). Wird der Hammer losgelassen, fliegt er geradeaus weiter: Schnurstracks in die Richtung, in der er in diesem Moment unterwegs ist.

fixieren ist dasselbe wie festmachen, klingt aber fachmännisch. Man kann auch mit den Augen fixieren: jemand unentwegt anschauen.

fossile Energieträger sind Brennstoffe aus der Erde. Wie die Versteinerungen sind sie vergangenes Leben, werden ausgegraben und genutzt: als Kohle, Erdgas und Erdöl. Das macht die Luft nicht besser.

Gegenlicht macht Fotos interessant. Normal fotografiert man mit dem Licht der Sonne im Rücken oder dem Blitz auf dem Apparat. So ist alles schön beleuchtet, und die Farben strahlen. Wenn man gegen das Licht fotografiert, sieht man (fast) nur noch Schatten – alles ist entweder ganz hell oder ganz dunkel und spannend: Man weiß nicht genau, was kommt.

Generator ist eine Maschine, die durch Bewegung Strom erzeugt. Jedes Fahrrad sollte so einen Generator haben: den Dynamo. Größere Generatoren versorgen ganze Landstriche mit Strom.

Glossar nennt man so ein Wörterverzeichnis mit Erklärungen, du liest es gerade und machst dich klug. Recht so.

Helium ist ein Gas. Es ist leichter als Luft und wird deshalb in Ballons und Luftschiffe gefüllt. Die Sonne ist ein glühender Feuerball, der Wasserstoff in Helium verwandelt.

Kohlehydrate sind ein wichtiger Bestandteil der Nahrung, sie liefern die Energie, die unser Körper braucht. Wenn wir die Energie nicht nutzen und nur rumsitzen, wird aus Kohlehydraten Fett. Kohlehydrate stecken in Kartoffeln, Reis, Brot und Zucker.

Kohlendioxid ist ein Gas, das bei der Verbrennung entsteht. Man kann es nicht riechen und sollte es auch nicht in die Nase kriegen, es ist giftig, aber nicht für die Pflanzen. Sie brauchen das Kohlendioxid, werden groß und stark und erzeugen damit ☞ Sauerstoff, auch ein Gas: Das brauchen die Menschen. Zum Schnaufen. Zum Leben.

kondensieren Wenn Gas sich verdichtet oder abkühlt, wird es irgendwann mal flüssig, es kondensiert. Wenn Milch verdichtet wird, gibt's Kondensmilch.

Magnesium ist ein silberweißes Metall. In Feuerwerksraketen knallt es grelle Sterne in den Himmel. Es ist aber auch im Essen, und der Körper braucht es. Hat er zu wenig davon, gibt's Magnesiumtabletten. Seltsam: Stoffe, die überall sind und doch nirgends sichtbar – so ist Chemie.

Magnetismus ist die geheimnisvolle Kraft des Magneten. Natürlich ist sie für Wissenschaftler und Techniker überhaupt nicht geheimnisvoll, sie machen ja Elektromotoren damit.

Den **Magno-Markt** gibt es nicht wirklich. Aber es gibt für alles, was im Buch vorkommt, irgendwo eine Quelle. Finde sie, finde deinen Magno-Markt!

Makroaufnahme heißt: Kleines wird so aufgenommen, dass man es schön sehen kann, zum Beispiel wie ein Marienkäfer daherkrabbelt.

Masse heißt in der Wissenschaft nicht: Viel auf einmal, sondern etwas, das Raum einnimmt, also Platz braucht, Kräften Widerstand leistet und von der Erde angezogen wird. Wie Eisen, Wasser und Fruchtjoghurt.

Megaphon ist der vornehme Ausdruck für Flüstertüte. Hinten sprichst du rein in den Trichter, und vorne quäkt es laut raus. Elektrisch verstärkt noch lauter.

Molekül ist der kleinste Teil eines Stoffes. Wird das Molekül zerlegt, ist der Stoff zerlegt, das Wassermolekül ist dann kein Wasser mehr, die zwei Teile – Wasserstoff und Sauerstoff – sind eigene, neue Stoffe geworden.

Motiv ist der Gegenstand, den du malst, filmst oder fotografierst, das, woran du interessiert bist. Es ist der Grund, warum du was machst, und deshalb sucht die Polizei immer das Motiv für die Tat, den Grund, warum jemand etwas gemacht hat.

Negativ heißt ‚nein‘ und ist das Gegenteil von Positiv – ‚ja‘. Wenn der Arzt einen negativen Befund hat, hat er nichts gefunden, das ist meistens auch gut so. Bei der Fotografie ist das Negativ die Umkehrung aller Farb- und Helligkeitswerte: Schwarz ist im Negativ weiß, und Weiß ist schwarz.

Die **Netzhaut** empfängt im Auge das Licht. Sie besteht aus lauter winzigen Zellen, die das Licht so verwandeln, dass der Sehnerv das Ganze zum Gehirn tragen und das dann sagen kann: Aha, das ist doch eine Maus!

Der internationale **Notruf** sollte nur in Not ausgesandt werden und lautet: „SOS – Save our souls!“ Das ist Englisch und heißt: „Rettet unsere Seelen!“

oberschlächtig Wenn bei Mühlrädern das Wasser oben über das Rad läuft, ist es oberschlächtig, wenn unten, unterschlächtig, und wenn's irgendwie, ich weiß nicht wie, läuft, ist es wie ein grober Kerl: grobschlächtig.

Objektiv nennt man den Teil einer Kamera oder eines Mikroskops, in dem die Linsen stecken. Das Objektiv sieht die Welt so, wie sie ist. Deshalb nennt man die Sehweise, die nicht auf die eigene Stimmung Rücksicht nimmt, ‚objektiv‘. Objektiv sind die Sachen so, wie sie eben sind.

Photon Licht ist Welle und Teilchen, Teilchenstrom. Winzige Lichtteilchen – Photonen –, die durch den Raum zischen. Kann man sich nicht mehr recht vorstellen, aber man hat's jetzt mal gehört. Bzw. gelesen.

Die **Photosynthese** ist die Grundlage für das Leben auf der Erde. Der ‚Lichtaufbau‘ verwandelt in Pflanzen die Energie des Lichtes in chemische Energie, in Stoffe, die alle Lebewesen brauchen: ☞ Kohlehydrate.

Position ist die Lage, der Standort eines Schiffes, eines Flugzeuges. Wenn jemand eine Position hat, nennt man so auch seinen Platz im Beruf.

Positiv das Gegenteil von ☞ Negativ. Eine positive Antwort ist ein ‚ja‘, und das freut (außer beim Arzt), ein Positiv ist ein farbrichtiges Bild. Blau ist blau, und Weiß ist weiß, und auch der Rest stimmt.

Prisma nennt man eine dreiseitige (mehr oder weniger große) Glassäule. Prismen brechen das Licht und sind für die Optik interessant.

Die **Pupille** ist das Sehloch des Auges. Es ist durch eine Hornhaut geschützt. Das Licht dringt durch die Pupille und Linse und zur ☞ Netzhaut.

quadratisch Ein Quadrat ist ein Viereck mit vier gleich langen Seiten und vier rechten Winkeln – die Seiten stehen senkrecht zueinander.

reflektieren heißt: zurückwerfen. Licht wird zum Beispiel von einem Rücklicht zurückgeworfen. Wer nachdenkt, reflektiert auch. Gerne über das Leben.

Satzspiegel Auf dieser Seite stehen zwei Satzblöcke. Sie bilden zusammen den Satzspiegel. Was auf dem weißen Rand steht, hier die Seitenzahl, ist – außerhalb des Satzspiegels.

Sauerstoff (chemisch: O_2) ist neben dem ☞ Stickstoff Hauptanteil der Luft. Ohne Sauerstoff kein menschliches Leben, Blut braucht Sauerstoff.

Selbstlaute sind die Laute, die bei offenem Mund gesprochen werden, es sind die Vokale A, E, I, O und U. Bei den anderen Lauten ist der Mund schon auch mal zu. Beim P und beim M zum Beispiel.

Solarzellen fangen die Energie der Sonne ein und wandeln sie direkt in elektrische ☞ Energie um. Energie für Häuser, Autos und Satelliten.

Spektralfarben sind die Farben des Lichts, von Rot über Gelb zu Grün, Blau und Violett. Schwarz, Rosa, Braun, Weiß und Pink gehören nicht dazu.

Das **Spektrum** ist das ganze Band der Farben. Oder auch: die Bandbreite überhaupt: alles. Das Spektrum seiner Tricks sind: alle seine Tricks.

Spiralnebel flacher Sternenhaufen im endlosen Weltall mit einem Bauch in der Mitte und langen Armen. Sieht aus wie Wasser, das den Ausguss runterläuft.

Stickstoff (chemisches Zeichen: N) Die Luft besteht zum größten Teil aus Stickstoff (78 %). Pflanzen nehmen ihn auf und darüber die Tiere, die ihn auch wieder ausscheiden. Er ist Nahrung, auch künstliche: Dünger.

Suspension ist ein Gemisch aus kleinen Teilchen, die in einer Flüssigkeit schwimmen, sich aber nicht mit ihr verbinden. Salz löst sich in Wasser zu einer Lösung ganz auf (Salzwasser), Fett nicht: Milch ist eine Suspension.

Die **Telekommunikation** verbindet die Menschen über Handys und Festnetz auch über große Entfernungen. Und bindet sie an Politik und Waschmittel: über die Nachrichten und Werbung im Radio und Fernsehen.

Traubenzucker stellen die Pflanzen in der ☞ Photosynthese mit Hilfe des Sonnenlichts aus Wasser und Kohlendioxid her. Traubenzucker ist ein Kohlehydrat, bringt verbrauchte Energie sofort zurück.

Tropen Eine Klimazone mit immergrünen Pflanzen rund um den Bauch der Erde, den Äquator. Heiß und schwül, keine Jahreszeiten, dafür Regenzeit.

© 2004 moses. Verlag GmbH

moses. Verlag GmbH
Arnoldstraße 13d
47906 Kempen
Fon 0 21 52 - 20 98 50
Fax 0 21 52 - 20 98 60
Mail info@moses-verlag.de
www.moses-verlag.de

ISBN 3-89777-210-8

Redaktion: Tanja Mues
Lektorat: Raimund Kommer
Illustration, Layout, Typographie & Satz: Christof Gießler
Titelgestaltung: Marc Margielsky
Fotos: Silvi Buchenberg
Druck & Verarbeitung: Himmer, Augsburg

HIER FINDEST DU WEITERE SPANNENDE EXPERIMENTE:

Ein unterhaltsames Sach- und Machbuch für die ganze Familie!
Mitten im Alltag gibt es die erstaunlichsten Phänomene – 365 spannende Experimente für jeden Tag des Jahres bringen sie ans Licht und enthüllen die faszinierenden Tricks der Natur! Alle Experimente sind kinderleicht nachzumachen, man braucht dazu nur einfache, haushaltsübliche Materialien. Klare Anleitungen, zahlreiche Illustrationen und eine übersichtliche Gliederung garantieren den Erfolg der Aktionen, leicht verständliche Sachtexte erklären, was passiert und warum.

ISBN 3-89777-113-6   € 14,95